한국인을 위한 영작 1단계

www.properenglish.co.kr

머 리 말

영작................. 영어를 꿈꾸는 자의 마지막 두 과정중 하나이다. 물론 다른 하나는 원어민처럼 의사소통을 말로 하는 것이리라.

가능할 것인가? 한국 내에서의 교육으로?

결론은 가능하다. 하지만 역시 오랜 훈련과 시간이 필요하다.

많은 영작도우미들이 있다. 좋은 서적들이고 저자들에게도 경의를 표한다.

시간에 쫓기고 한 달 내에 이루어지는 강의용 부교재로 구성하다 보니 졸서 중의 졸서가 되었다. 유감이고 죄송스럽다.

하지만 강의를 통해서 극복해 보려 한다.

초보자들이 두려움을 없애고 중급자들은 더 고급에 도전할 수 있도록 자극을 주고 싶다. 궁극적으로는 토플 에세이에서 우수한 작품을 만들어 낼 수 있을 때까지 단계별로 학습하는 것이 중요하다.

지금은 제 1단계 과정이므로 아주 기초적인 뼈대만을 가시화 시켜 보았다. 물론 여기서도 동사의 태운용과 도치 등의 특수구문, 비교 등은 아주 제쳐 놓았다.

2단계에서 훈련하기도 하고...........

건투를 빈다.

영작, 분명히 정복할 수 있다. 힘내자..^^

Contents

제 1 과정 — 올바른 영작을 위한 기본 규칙

unit 1	표현방식에 의한 5분류	8
unit 2	주어와 동사의 설정	12
unit 3	대문자와 구두점	16
unit 4	명사의 반복과 대명사	22
unit 5	명사의 단, 복수와 한정사	28
unit 6	기본 문형 5가지	49

제 2 과정 — 효율적 영작을 위한 기본동사의 운용

unit 1	be동사를 자유자재로 활용하라.	56
unit 2	기본동사 make의 활용	64
unit 3	기본동사 take의 활용	71
unit 4	get동사의 영작활용	78
unit 5	기본동사 give의 영작활용	86
unit 6	기본동사 have의 영작활용	90

제 3 과정　전치사, 분사, 관계사절의 수식적 활용

- unit 1　전치사의 영작 활용　　　　　　98
- unit 2　분사구의 수식어 활용　　　　　106
- unit 3　분사구문의 영작활용　　　　　110
- unit 4　관계사절의 수식어 활용　　　　114

제 4 과정　유형별 필수표현들

- unit 1　찬성과 반대의 표현　　　　　　124
- unit 2　조건과 가정을 나타내는 표현　　130
- unit 3　원인과 결과를 나타내는 표현　　137

제 5 과정　단락문 영작연습　　　　　　144

제 6 과정　필수 pattern 복습 영작 연습　150

바른영어훈련소

www.properenglish.co.kr

한국인을 위한 영작 1단계

제1과정

올바른 영작을 위한 기본 규칙

unit 1
표현방식에 의한 5분류

1. 평서문 : 주어 + 동사의 기본어순 (도치의 경우 예외) + 마침표

- Something good is going to happen.
  [무엇인가 좋은 일이 일어날 것이다.]

2. 의문문 : 가형) be 동사 + 주어 + ?
  나형) 조동사 + 주어 + 본동사 (have pp 의 경우 have 가 조동사) + ?
  다형) do , does , did + 주어 + 일반동사의 원형 + ?

- Is he happy?
  [그는 행복한가요?]
- Can I sit here?
  [내가 여기에 앉아도 되나요?]
- Haven't we met before?
  [우리가 예전에 만났었지 않나요?]
- Does he look like an adult?
  [그는 어른처럼 보이나요?]

3. 감탄문 : what (a , an) (형용사) + 명사 + (주어+동사) !
  How 형용사,부사 + (주어 + 동사) !
  How 형용사 + a,an + 명사 + (주어 + 동사) !

- What a wonderful world we live in!
  [우리는 정말 멋진 세상에서 살고 있어요!]
- How sad the story is!
  [그 이야기는 정말 슬퍼요!]
- How gracefully she dances!
  [그녀는 정말 우아하게 춤을 추어요.]
- How bad a son I am!
  [나는 정말 나쁜 아들입니다!]

4 기원문 : (may) + 주어 + 동사원형 + 마침표 혹은 느낌표

- May your days be merry and bright.
  [당신들의 날들이 즐겁고 환하기를 바랍니다.]
- God bless you all!
  [신이 당신들 모두를 축복하기를 바랍니다.]

5 명령문 : 동사원형 (부정형의 경우 don't 나 never 문두첨가)

- Be my guest.
  [내 손님이 되어주세요 – 제가 계산하겠습니다 – 궂은 일은 제가 하겠습니다.]
- Don't go away.
  [떠나지 마세요.]
- Let him stay here.
  [그를 여기에 머물도록 해주세요.]

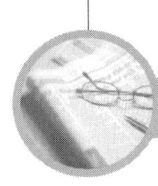

unit 1 표현방식에 의한 5분류

제 1과정 unit 1

영작연습문제 다음 영작문에서 틀린 것을 고치시오.

1. I like him very much
   나는 그를 매우 많이 좋아한다.

2. Lives he with his parents?
   그는 부모님들과 함께 살고 있는가?

3. Are you okay.
   당신은 괜찮은가?

4. Has lived he here since he was born?
   태어난 후 그는 여기서 계속 살고 있는가?

5. Must he goes now?
   그는 지금 가야하는가?

6. What a nice sons you have!
   당신은 정말 착한 아들들을 가지고 있다!

7. What a much money you spend on luxuries!
   당신은 사치품에 정말 많은 돈을 쓴다!

8. How he is interesting!
   그는 정말 흥미스럽다!

9. How a gorgeous girl she will soon be!
   그녀는 정말 멋진 소녀가 곧 될 것이다!

10. Not look so sad.
    그토록 슬퍼보이지 마라

한국인을 위한 영작 1단계

www.properenglish.co.kr

1   문장 끝에 마침부호를 넣을 것 :
평서문은 문장의 끝에 마침표를 사용해야 합니다.

2   Does he live with his parents? :
일반 동사의 의문문은 do, does, did로 시작하고 동사원형을 사용합니다.

3   문장 끝에 의문부호를 쓸 것 :
의문문의 끝에는 의문부호를 사용합니다.

4   Has he lived.................? :
완료시제를 가진 문장을 의문문으로 만들 때는 have, has, had 만 주어 앞으로 나갑니다.

5   Must he go now? :
조동사는 동사원형과 어울립니다.

6   What nice sons you have ! :
복수명사를 감탄하면 관사 a, an은 나오지 않습니다.

7   What much money you spend on luxuries! :
불가산 명사를 감탄할 때는 관사 a,an은 나오지 않습니다.

8   How interesting he is! :
형용사나 부사를 감탄할 때 그 위치는 how의 뒤입니다.

9   How gorgeous a girl she will soon be! :
how가 관사와 형용사를 함께 받을 때는 형용사 다음에 관사가 옵니다.

10   Don't look so sad. :
부정 명령문을 만들 때 not 을 사용하지 않고 don't 나 never를 동사원형 앞에 사용합니다.

unit 2
주어와 동사의 설정

1. 사물주어의 설정 : 주어를 대명사나 명사로 한다. 대명사의 경우 주격을 사용한다.

- We have a nice car.
  [의역 – 우리는 좋은 차가 있다.]
  [직역– 우리는 좋은 차를 가지고 있다.]

- The weather kept us from enjoying our cooking out.
  [의역 – 날씨 때문에 우리는 야외요리를 즐기지 못했다.]
  [직역 – 날씨는 우리가 야외요리를 즐기는 것을 방해했다.]

- Last century has witnessed so many advances in machinery.
  [의역 – 지난세기에 기계류는 엄청나게 많이 진보했다.]
  [직역 – 지난세기는 기계류에 있어서 매우 많은 진보를 목격했다.]

2. 행위주어의 설정 : 주어를 동명사나 to-부정사로 설정한다.

- Living alone seems great and convenient.
  [혼자 사는 것은 대단하고 편하게 보인다.]

- To find a tourist attraction in Seoul is not easy.
  = It is not easy to find a tourist attraction in Seoul.
  [서울에서 관광명소를 찾는다는 것은 쉽지 않다.]

3. 사실주어의 설정 : 주어를 명사절로 설정한다.

- That she has been divorced once doesn't mean she is not qualified for this job.
  [그녀가 한번 이혼했다는 사실이 그녀가 이 일이 부적격이라는 것을 의미하지는 않는다.]

- Where she spent the whole night shall be asked first.
  [그녀가 어디서 밤을 보냈는지가 먼저 물어보아질 것이다.]

- How you can tend the hall and bar is the most important thing.
  [당신이 어떻게 hall과 bar를 관리할 수 있는지가 가장 중요한 일이다.]

제 1과정 unit 2

 다음을 주어진 조건으로 영작하시오.

1. 당신회사의 훌륭한 혜택들에 나는 끌렸다.
   [the great benefits of your company / 능동형으로]

2. 무엇 때문에 당신은 행복한가?
   [what 을 주어로 / 4 단어로]

3. 당신의 옷차림새를 보니 당신이 어떤 종류의 사람인지 알겠다.
   [Your attire / what kind of person you are/ me/ tells]

4. 일찍 자고 일찍 일어나는 것은 당신을 건강하게 지켜준다.
   [you/ healthy/ to keep early hours/ keeps]

5. 그가 너를 진심으로 보살피고 있다는 사실은 명백하다.
   [clear/ it/ he really cares about you/ tha/ is]

6. 이 사전은 3000 페이지가 넘는다.
   [has/ this dictionary/ 3000 pages/ more than]

7. 4개월 후에 그는 폐암으로 죽었다.
   [the lung cancer/ his life/ took/ 4 months later]

8. 나의 영작점수를 보니 영어공부를 제대로 해야겠다.
   [I need to study English properly/ reminds me/ that/ my composition test score]

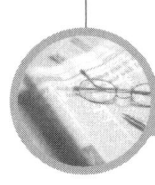

바른영어훈련소

unit 2 주어와 동사의 설정

1 The great benefits of your company attracted me.
능동형구조이며 「매혹시키다, 끌어 당기다」의 의미로 여러 가지 동사들이 올 수 있다. 시제는 현재완료를 쓸 때는 현재와 연관시켜서 이야기할 때 사용한다.

2 What makes you happy?
Why are you happy? 라도 말해도 되지만 이럴 경우 좀 냉소적이거나 따지는 듯한 뉘앙스가 있으므로 행복의 원인을 묻고자할 경우 what을 사용하는 것이 조금 더 자연스럽다. 예컨대 [왜 슬픈가 / 왜 기쁜가 / 왜 우울한가] 등 사람의 기분을 어떤 방향으로 만드는 원인들을 표현할 때 유용하게 사용할 수 있는 이 구조를 잘 기억해두자.
What makes you sad? / What makes you depressed? …

3 Your attire tells me what kind of person you are.
한국어의 [―을 보니 ―한 사실을 알겠다] 에 가장 흔히 쓰는 구조이다. [그의 억양을 들으니 그가 외국인임을 알겠다 His accent tells me that he is an alien.]

4 To keep early hours keeps you healthy.
역시 5형식 문형구조로 아주 유용한 동사 keep 을 활용하고 있다. 이것은 목적어가 기존의 상태를 유지하게 만든다라는 의미이다. make 동사를 쓸 경우는 상태가 변화하여 그 결과 새로운 상태가 된다라는 의미지만 keep은 기존의 상태를 유지시키는 상황에서 사용한다. [기다리게 해서 미안하다 I am sorry to keep you waiting (시작할 때) , I am sorry to have kept you waiting (기다림을 마쳤을 때)] 이 경우에서 보아도 알 듯이 keep 동사는 목적어가 어떤 상태를 지속한다는 의미에서 자주 사용한다.

5 It is clear that he really cares about you.
주어가 동사 하다는 사실이 주어가 되면 주어부가 너무 길어지므로 긴것을 뒤로 보내고 대신 주어자리에 형식적인 주어인 it 을 사용하여 문장을 구성한다. 보통 be 동사뒤에 보어가 있는 2형식 구조에서 가장 많이 사용되는 모습이다.

6 This dictionary has more than 3000 pages.
한국어에 [주어는 – 있다] 이라는 개념을 영어로 나타낼 때 흔히 have 동사를 사용한다.

7   The lung cancer took his life 4 months later.
   [무엇 때문에 죽다] 라는 것을 굳이 because 나 die of, die from 을 사용하지 않고 take one's life를 사용한 표현이다.

8   My composition test score reminds me that I need to study English properly.
   역시 사물을 주어로 잡고 tell 동사와 비슷한 4형식구조를 채택했다.

unit 3
대문자와 구두점

1. 문장시작의 첫 글자는 대문자 사용

- The title of the book is "Contact".
  [그 책의 제목은 "접촉"이다.]

2. 고유명사의 첫 글자 및 고유명사로 조어된 각 단어의 첫 글자들에 대문자 사용

- Do you believe in Jesus?
  [당신은 Jesus를 믿는가?]

- I like Sundays and May.
  [나는 일요일들과 오월을 좋아한다.]

- We live in the so-called Computer Age.
  [우리는 소위 컴퓨터시대에 살고 있다.]

3. 약자는 전체를 대문자로 하지만 호칭 등의 약자는 첫 글자를 대문자 사용

- Korea joined OECD.
  [한국은 경제협력개발기구에 가입했다.]

- WHO prevents the abuse of the drug.
  [세계보건기구는 그 약물의 남용을 금지한다.]

- Mt. Everest is the highest of all.
  [에베레스트산이 가장 높다.]

- Call him Mr. Bond.
  [그를 Bond씨로 불러라.]

4 대명사 주격 일인칭은 대문자 사용

- He likes me but I don't like him.
  [그는 나를 좋아하지만 나는 그를 좋아하지 않는다.]

5 평서문의 끝은 마침표

- I hope it will be sunny tomorrow.
  [나는 내일 화창하기를 바란다.]

6 어포스트러피는 소유격과 축약형에 사용한다.

- Porky's restaurant is famous for the clam chowder.
  [Porky 씨네 식당은 대합탕으로 유명하다.]

- You mustn't do this.
  [당신은 이것을 하면 안된다.]

7 colon (:) 앞에 언급한 것을 바꾸어 말하거나 요약하거나 더욱 상세하게 말할 때

- Madame Curie might be called one of the pioneers of the Atomic Age: she discovered radium.
  [퀴리부인은 원자시대의 선구자들 중 하나로 불리 울지도 모른다. 왜냐하면 그녀가 라듐을 발견했기 때문이다.]

8 semi-colon (;) 대조적인 내용을 접속사를 쓰지 않고 연결할 때 또는 예를 들면서 콤마가 있는 구들을 연결할 때

- The powerful are always right ; the weak, always wrong.
  [강자들이 항상 옳고 반면에 약자들은 항상 틀렸다고 취급된다.]

- These are my favorite flowers ; violets, for their sentimentality ; roses, for their colors ; and buttercups, for their cheerfulness.
  [이것들은 내가 좋아하는 꽃들이다. 감상적 느낌으로는 제비꽃들을, 색깔면에서는 장미들을 그리고 유쾌함에서는 작은 미나리아재비들을.]

unit 3 대문자와 구두점

9 hyphen (-) 두 개 이상의 낱말들을 결합하여 합성어를 만들 때 혹은 행이 달라질 단어사이에 사용한다.

- He is color-blind.
  [그는 색맹이다.]

- I have an eight-month old son.
  [나는 8개월 된 아들이 있다.]

- I would like to see you tomo-rrow.
  [당신을 내일 뵙고 싶습니다.]

10 quotation mark (" ", ' ') 직접화법으로 인용하거나 단어 본래의 의미를 벗어난 암시를 주고 싶을 때 사용한다.

- He said, " I am going abroad next year."
  [" 나는 내년에 외국에 갈것이다" 라고 그는 말했다.]

- Mrs. White said, " I heard my servant say, 'Good morning, Mr. Smith.' "
  [White 부인은 " 나는 내 하인이 '좋은 아침입니다. Smith씨' 라고 말하는 것을 들었어" 라고 말했다.]

- He will be really "okay" when he dies.
  [그는 사망했을 때서야 진정으로 '"괜찮은" 상태가 될 것이다.]

11 comma (,) 두 개 이상의 형용사가 명사를 꾸미거나, 등위접속사에 의해서 세 개 이상의 단어가 연결될 때 접속사가 올 때까지 각 단어의 뒤에서, 삽입어구의 앞-뒤에서, 호칭의 앞-뒤에서, 직접화법을 연결할 때, 응답이나 감탄사 앞-뒤에서, 동격의 앞-뒤에서, 부사절이나 부사구 또는 문두부사의 앞-뒤에서, 관계사절의 계속적 용법에서는 콤마를 사용한다.

- a sullen, patient child
  [무뚝뚝하고 참을성 있는 아이]

- There were a book, a pencil, and a notebook on the table.
  [탁자위에는 책, 연필 그리고 공책이 있었다.]

- Next summer, no matter what happens, we will go to the beach.
  [내년 여름에는 어떤 일이 있어도 우리는 그 해변에 간다.]

- Good morning, Tommy.
  [타미씨, 좋은 아침입니다.]

- " And yet," I interrupted, " you don't like it at all.
  ["그런데도 당신은 그것을 전혀 좋아하지 않는 군요" 라고 나는 말을 막았다.]

- Yes, it is my pen.
  [네, 그것은 나의 펜입니다.]

- Oh, my god.
  [오, 이런 맙소사]

- This is Mr. Kim, my English tutor.
  [이분은 내 영어개인교사인 김선생님입니다.]

- Until that day, I hadn't known who he really was.
  [그날 까지 나는 그가 정말로 누구인지 몰랐다.]

- Unfortunately, I couldn't possibly see her again.
  [불행히도 나는 그녀를 다시 볼 수가 없었다.]

- When he was with me, I felt secured.
  [그가 내 곁에 있었을 때 나는 안전하다고 느꼈다.]

- He said he was trying hard, which was obviously a lie.
  [그는 열심히 하고 있다고 말했지만 그것은 명백한 거짓말이었다.]

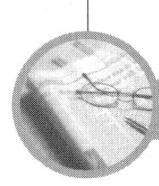

unit 3 대문자와 구두점

제 1과정 unit 3

영작연습문제 다음을 지시대로 영작하시오.

1. 놀랍게도 그는 여자아이로 판명되었다.
   [proved to be a girl/ he/ surprisingly]

2. 국제연합은 한국인 사무총장을 선출했다.
   [selected/ the United Nations/ a Korean Secretary General.]

3. "돌아보지 마" 라고 그가 나에게 말했다.
   [don't look back/ he said to me]

4. 나는 그를 좋아했다. 왜냐하면 그는 나에게 친절했고 나를 매우 아껴주었다.
   [he cared about me/ so much/ because/ he was so kind to me/ I liked him/ and]

5. 나는 힘들고 긴 하루를 가졌다.
   [I/ hard/ long/ a/ day/ had]

6. 그는 외국인 사위하나를 가지고 있다.
   [..]

7. 그녀는 ' 어서, 자기야 ' 라는 표정을 지었다.
   [She was wearing/ look/ a/ come on, baby/ on her face]

8. 그는 남동생이 하나 있는데 그 아이는 그의 가족 누구와도 닮지 않았다.]
   [doesn't resemble/ anyone of his family/ who/ a little brother/ he has ....]

1. Surprisingly, he proved to be a girl.
   문장전체를 수식하는 부사는 일단 문두에 두고 바로 다음에 콤마를 찍는 것이 일반적이다. 한국어의 [놀랍게도, 이상하게도, 슬프게도, 불운하게도, 다행스럽게도, 당연하게도..] 등의 표현을 영어로 처리할 때 사용하는 방식이다. 강조할 경우 앞에 Very를 쓰거나 뒤에서 enough를 붙여서도 자주 사용한다. [Very naturally, Naturally enough, 매우 당연하게도]

2. The United Nations selected a Korean Secretary General.
   고유명사에 해당하는 각 단어의 첫 글자는 대문자를 사용한다.

3. "Don't look back," he said to me.
   직접화법에 해당하는 부분에는 이중인용부호를 사용한다.

4. I liked him, because he was so kind to me and he cared about me so much.
   종속절의 접속사 앞에는 보통 콤마를 사용한다.

5. I had a long, hard day.
   등위접속사를 대용하는 자리에 콤마를 사용한다.

6. He has an alien son-in-law.
   두 개 이상의 단어로 만든 명사사이에는 하이픈을 주로 사용한다.

7. She was wearing a come-on-baby look on her face.
   두 개 이상의 단어로 만든 형용어구 사이에는 하이픈을 사용한다.

8. He has a little brother, who doesn't resemble anyone of his family.
   관계대명사를 한정적 의미로 사용하지 않고 정보를 계속 알려주는 계속적 용법으로 사용할 때 관계사 앞에 콤마를 사용한다.

unit 4

명사의 반복과 대명사

앞, 뒤에서 언급된 명사는 대명사로 바꾸어 주되 단수, 복수, 여성형, 남성형에 유의한다. 또한 인칭대명사 we, they, you 가 여러 가지 상황에서 활용될 수 있다는 점, 그리고 it 과 one, no 로 시작하는 대명사, 부정대명사, 재귀대명사등의 다양한 용법을 상황별 영작문으로 익힌다.

- This is her house and mine is next to hers.
  [이것은 그녀의 집인데 나의 집은 그녀의 집 바로 옆에 있다.]

- Her parents are both teachers and they are very nice.
  [그녀의 부모님들은 두 분 다 선생님들인데 그들은 착하다.]

- I have a dog and it(she, he) likes to play with my cat.
  [나는 개가 한 마리 있는데 그 놈은 내 고양이와 노는 것을 좋아한다.]

- Because of their skin colors, Asians and Africans sometimes face undue policies.
  [그들의 피부색들 때문에 아시아인들과 흑인들은 때로 부당한 정책에 직면한다.]

- The gravity of the moon is one sixth that of the earth.
  [달의 인력은 지구의 것의 6분의 1이다.]

- There were many spelling mistakes and those were avoidable.
  [많은 철자상의 실수들이 있었는데 그것들은 피해질 수 있었다.]

- The baby looks so cute and its fingers are so chubby.
  [그 아기는 정말 귀여워 보이고 그 손가락들은 정말 오동통하다.]

- The old man killed himself.
  [그 노인은 자살했다.]

- Do you take credit cards?
  [당신네 가게는 신용카드를 받나요?]

- One should keep his or her promise.
  [사람은 약속을 지켜야한다.]

- Nobody can deny that you are the best.
  [아무도 당신이 최고라는 사실을 부인할 수 없다.]

- We had hard rain yesterday.
  [어제는 비가 엄청나게 왔다.]

- They had many typhoons hit their coastal cities in Japan.
  [일본은 많은 태풍들이 해안도시들을 강타했다.]

- Do you serve Chinese food?
  [당신네 식당은 중국음식을 파나요?]

- How are things going these days?
  [요즘 어때?]

- Things are not the same as they were in Korea.
  [한국에서는 모든 상황이 달라졌다.]

- This is the way I do things.
  [이것이 내가 일을 하는 방식이다.]

- I will take one.
  [제가 하나를 사겠습니다.]

- I will take it.
  [제가 그것을 사겠습니다.]

- This is not my type. Will you show me another?
  [이것은 내 스타일이 아닙니다. 다른 것을 보여주세요.]

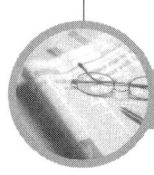

unit 4 명사의 반복과 대명사

- You can make it if you try.
  [열심히 하면 성공할 수 있다.]

- How far is it from here to the City Hall?
  [여기서 시청까지 얼마나 멀지요?]

- Do they speak French in Tahiti?
  [타히티 사람들은 불어를 사용합니까?]

- Do we skip lunch during a busy day?
  [우리가 바쁠 때는 점심도 안 먹는 것인가?]

제 1과정 unit 4

영작연습문제 다음을 지시대로 영작하시오.

1. 나는 3잔의 맥주를 마셨다. 그리고 또 한잔을 마실 것이다.
   [I have had 3 glasses of beer and I will have _____ .]

2. 어떤 이들은 맥주를 좋아한다. 하지만 또 다른 이들은 독주를 좋아한다.
   [Some like beer but _____ like hard liquor.]

3. 저 가게에서 생선을 판다.
   [They/ 6단어로]

4. 이 호텔은 서비스가 좋다.
   [in this hotel/ 7단어로]

5. 이 기차는 곧 대전에 도착합니다.
   [arrive at/ shortly/ 6단어로]

6. 그들이 일을 하는 방식은 다르다.
   [4글자로]

7. 내 아이들은 모두 남아들이다 하지만 당신의 아이들은 모두 여아들이다.
   [My children are all boys but _____ are all girls.]

8. 내일 하늘은 맑겠습니다.
   [We/ 6자로]

9. 나는 두 여자형제가 있는데 하나는 고등학생이지만 하나는 아직 아기다.
   [I have two sisters. _____ is a high school student and ___ _____ still a baby.]

10. 아무도 확실히 알지는 못한다.
    [____ _____ knows for sure.]

11. 우리는 우리 아이들이 우리가 가졌던 것보다는 더 많은 것을 갖길 바란다. 그러나 단지 그것을 그들에게 건네주는 것은 반대의 효과를 초래할 지도 모른다.
    [We want our kids to have more than _____, but just handing ____ to _____ might bring about a contrary effect.]

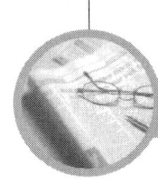

unit 4 명사의 반복과 대명사

1 I will have another.

another 뒤에는 glass of beer 가 생략되었다고 볼 수 있다. 물론 회화체에서는 another beer 라고 바로 쓰는 경우도 있는데 원래 beer는 인간이 만든 물질로 셀 수 없는 액체명사이지만 많은 경우에 가산명사로 취급되어서 맥주가 취급되는 용기나 그릇 또는 부피등의 단위를 상정하고 서로 이해하기도 한다.

2 others like hard liquor

some people 과 other people를 줄여서 그냥 some과 others라고 하기도 한다. 이 경우 하나의 사안에 대해 두 개의 서로 다른 무리들을 대표하는 의미로 자주 사용되는 대명사이다. 복수 취급한다.

3 They sell fish at that store.

말하는 사람이 포함되지 않은 다수의 집단을 막연히 말할 때 주로 they 를 사용하고 끝에 소속을 밝히는 것이 좀 더 부드러운 표현이다. That store sells fish 라고 말해도 의미는 통하지만 문어적 느낌이 강하다.

4 They offer good service in this hotel.

동사는 give도 가능하다. 역시 말하는 사람이 포함되지 않은 다수의 표현법으로 they를 사용한다.

5 We will shortly arrive at Daejun.

shortly의 위치는 문미도 가능하다. 이 기차는 을 주어로 하여 This train will ... 이라고 해도 무방하지만 보통 말하는 사람이 포함된 집단의 경우 we를 사용하는 것이 좋다.

6 They do things differently.

주어를 The way they do things is different 이라고 잡아서 해도 무방하나 4글자를 맞추기 위해서는 they 와 things 를 활용한다.

7 but yours are all girls.

your children 을 소유대명사로 줄여서 사용한 표현이다. 이때 소유대명사는 그 자체로 단수, 복수로 공히 사용가능하다.

8 We will have clear skies tomorrow.
Tomorrow's skies will be clear라고 해도 의미는 통하나 다소 문어적 느낌이다.

9 No one knows for sure.
Nobody 를 주어로 해도 가능하다. 한국어의 [아무도–않다]에 해당하면 no one 이나 nobody 로 시작한다.

10 We want our kids to have more than we did, but just handing it to them might bring about a contrary effect.
대동사 did를 써서 had 를 대신 받았으며 more 에 해당하는 것을 대명사 it으로 our kids에 해당하는 말을 대명사 them으로 받았다.

unit 5
명사의 단, 복수와 한정사

한국인을 괴롭히는 영어어법 중 가장 난해한 것은 명사와 관사 그리고 가정법 및 수동태 마지막으로 완료시제이다. 이 중 명사는 문장 내에서 자그마치 주어, 타동사의 목적어, 전치사의 목적어, 주격보어, 목적격보어, 동격 이렇게 6개의 중대한 기능들을 담당하기 때문에 졸저 Understanding and Using Fundamentals of English Grammar 에서도 여러 차례 강조했듯이 명사 없는 문장이란 거의 존재하지 않는다고 보아야 한다. 그런데 막상 주어나 목적어 자리에 명사를 사용할 때 한국어와 비교해 보면 반드시 구분되는 사항이 하나있다. 바로 그것이 관사를 비롯한 단, 복수의 구별과 특정한 명사 앞에 반드시 하나는 와야 하는 특별한 수식어 (문법적으로는 determiner라고 하며 한국어로 옮기는 과정에서는 한정사라고 널리 통용되고 있는 수식어)의 올바른 사용법이다.

다음을 비교해보자.

한국어 (1) 나는 차가 없어서 걸어 다녀.
       (2) 뭐 좋은 소식들이 좀 있나?
       (3) 결혼을 앞두고 가구들을 좀 사야겠어.
       (4) 나는 내 아들의 이 장난감들을 버리지 않고 보관할 것이다.

영작 1 (1) I don't have car so I walk.
       (2) Are there any good news?
       (3) I am going to buy some furnitures for my marriage life.
       (4) I will save my son's these toys.

영작 2 (1) I don't have a car so I walk.
       (2) Is there any good news?
       (3) I am going to purchase some furniture for my marriage life.
       (4) I will save these toys of my son's.

위의 영작에서 잘못된 점을 금방 알아차리지 못한 다면 명사와 명사의 운용에 대한 실력을 좀 더 늘려야 할 것이다. 올바른 영작은 다음과 같다.

다시 다음을 비교해보자

한국어   (1) 나는 돈이 없어서 점심을 굶어.
            (2) 나는 사랑이 필요해
            (3) 필요는 발명의 어머니이다.
            (4) 나는 내 아들의 이 장난감들을 버리지 않고 보관할 것이다.

영작 1   (1) I don't have a money so I skip a lunch.
            (2) I need a love.
            (3) A necessity is mother of the invention.
            (4) The success means freedom.

위의 영작은 다음과 같은 문제점이 있다. 즉, money는 원어민 사고방식에서는 셀 수 없는 명사이므로 관사가 없고 일반적 의미의 아침 점심 저녁 식사는 역시 관사를 붙이지 않고 사용한다. 다음, 두 번째에서는 한국어의 의미상 사랑이라는 느낌이나 감정을 말하고 있으므로 추상적 개념에서는 역시 부정관사를 사용하지 않는다. 세 번째에서는 일반적 의미의 [필요]라는 개념명사이므로 역시 부정관사는 없어야 하며 [발명]또한 마찬가지이다. invention 앞에 정관사 the가 올 수는 있지만 이렇게 되면 어떤 [특정한 발명] 이 되므로 온당하지 않다. 하지만 mother앞에는 정관사 the가 오는 것이 옳다. 왜냐하면 이것은 뒤에서 of invention이 수식하고 있으므로 의미가 한정되어 있기 때문이다. 마지막으로 여기서도 [성공]과 [자유]가 일반적 의미의 추상명사이므로 관사를 사용하지 않는다. 모범답안을 보자.

영작 2   (1) I don't have money so I skip lunch.
            (2) I need love.
            (3) Necessity is the mother of invention.
            (4) Success means freedom.

이쯤 되면 명사를 사용하는데 있어서 지레 겁을 먹을 만도 하다. 왜냐하면 모든 명사를 사용하기에 앞서 관사를 써야하나 말아야 하나 또는 어떤 관사를 써야 하나 하는 생각들이 영작의 발목을 잡을 수 있기 때문이다. 하지만 가장 모범적인 작문을 위해서라면 우리말도 심사숙고해야 하듯이 모든 언어는 이 점에 있어서는 마찬가지이다. 어느 정도 의미가 통하는 수준에서 큰 실수를 하지 않으려면 그러므로 다음과 같은 몇 가지 기본 법칙을 명심하고 꾸준히 영작을 만들어 보거나 아니면 우수한 지문에서 각각의 명사 앞에 붙어있는 관사나 한정어를 자세히 살피면서 의미파악에 주력해 보면 어떤 경우에 각각 관사를 사용하는지 또는 하지 않는지에 대한 기본적 규칙이 파악된다.

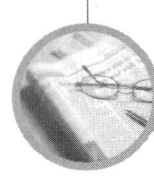

unit 5 명사의 단, 복수와 한정사

기본규칙 1 부정관사 a, an 은 셀 수 있는 명사 중 듣는 사람이 알지 못하는 일반적인 것들 중 임의의 하나이다.

(1) 나는 책 한권이 있다 : I have a book.
(2) 나는 친구가 하나 필요하다 : I need a friend.
(3) 이것은 기둥이 아니라 나무이다 : This is not a pillar but a tree.
(4) 한 남자가 우리 마을에 왔다 : A man came into my town.
(5) 우리는 하루를 산을 타면서 보냈다 : We spent a day climbing a mountain.

여기서 부정관사가 붙어있는 명사는 이 글을 보거나 듣는 사람이 각각 알지 못하는 물건이다. (5) 번에서는 a day에서 부정관사의 역할은 one이라는 수사의 역할을 하고 있으며 만약 the mountain 이라고 하면 독자나 청자는 그 산에 대해서는 알고 있는 것으로 전제한다.

기본규칙 2 자연계 혹은 인간이 만든 기체, 액체, 고체의 물질은 일단 부정관사를 붙여서 세지 않는 것으로 본다.

(1) 나는 물이 필요하다. : I need water.
(2) 나는 석재가 필요하다. : I need stone.
(3) 공기는 인간에게 반드시 필요하다. : Air is necessary for human beings.
(4) 나는 나의 아침식사에 치즈 보다는 꿀이 더 좋다. : I prefer honey to cheese for my breakfast.

여기서 물은 분명히 개체로 셀 수 없다는 것을 알 것이다. 그러므로 a water 하면 어색한 문장이 된다. 또한 자연계를 구성하는 물질로서 석재, 철, 목재.. 등을 의미하는 말들도 분명 개체로 보기보다는 물질전체를 규정하는 말이므로 부정관사를 사용하지는 않는다.
공기, 꿀, 치즈 같은 것들도 전부 원어민들에게는 물질을 의미하는 말이므로 부정관사를 사용하지는 않는다.

- 쌀, 보리, 밀, 귀리, 사탕수수 등의 곡류
  : rice, barley. wheat, oat, sugarcane, maize,...

- 밀가루, 소금, 설탕, 겨자 등의 분말류
  : flour, salt, sugar. mustard...

- 물, 기름, 커피, 우유, 피, 포도주, 맥주, 소주 등의 액체류
  : water, oil, coffee, milk, blood, wine, beer, soju,..

- 얼음, 빵, 버터, 치즈, 꿀, 초컬릿, 요거트, 매요네이즈, 마아저린, 목재, 비단, 면, 울, 데님등 자연계나 인간이 만든 고체류
  : ice, bread, butter, cheese, honey, chocolate, yogurt, mayonnaise, margarine, wood, silk, cotton, wool, jean, ...

- 산소, 수소, 헬리움등 기체류
: oxygen, hydrogen, helium..

기본규칙 3 만약 물질명사에 부정관사 a, an을 붙이면 그것은 물질자체가 아니라 개체화된 것이거나 셀 수 있는 단위를 대신 부여받은 것으로 해석한다.

(1) 커피 두 개와 물 한 개를 주문하겠습니다 : Let me order two coffees and a water.
(2) 나는 그 개에게 돌멩이 하나를 던졌다 : I threw a stone at the dog.
(3) 그는 풀이 죽어 돌아왔다 : He came back with a sad air.
(4) 이 음식에는 특별한 프랑스산 치즈가 사용됩니다. : There is a special French cheese in this cuisine.

만약 식당 안에서 벌어지는 대화라면 [커피 두 개, 물 한 개] 라는 것이 [커피 두 잔, 물 한 잔]의 대용어라는 것을 알게 된다. 그러므로 이것은 물질 자체라기보다 물질을 개체화한 방식으로 용기나 그릇을 대용한 말이라는 것을 이해하면 된다.

또한 **a stone** 인 경우는 석재를 개체화 했으므로 돌멩이하나의 의미이고 air 에 부정관사를 붙이면 물질로서의 공기가 아니라 분위기나 태도, 외양 등의 의미를 가질 수 있어서 개체화 될 수 있다.

마지막으로 물질의 특별한 종류를 지칭할 때도 부정관사를 사용할 수 있다.

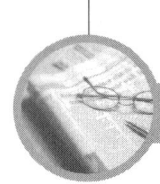

unit 5 명사의 단, 복수와 한정사

결국, 부정관사가 물질명사 앞에서 사용되거나 복수가 되면 물질 그 자체가 아니라 그 물질을 개체화한 여러 가지 정황이나 물건 또는 종류로 받아들이면 된다.

```
화재사건 - a fire
돌멩이 - a stone
유리잔 - a glass
라이터나 성냥불 - a light
다양한 차와 커피제품들 - several teas and coffees
쓴 맛이 나는 버터 - a bitter - tasting butter
필기 제출숙제/ 신문 - a paper
다리미 - an iron
청바지 - jeans
안경 - glasses
```

기본규칙 4 인간의 정신세계를 규정하는 명사들은 추상명사라고 하여 셀 수 없는 것을 원칙으로 한다.

(1) 경험이 지식보다 중요하다 : Experience is more important than knowledge.
(2) 와! 난 운이 좋구나! : What luck I have!
(3) 아름다움은 단지 피부의 깊이일 뿐이다 : Beauty is only skin - deep.
(4) 그들은 교육이 부족하다 : They lack education.

인간의 정신세계를 규정하는 명사로 자체의 고유한 의미로는 세지 않는 명사들

경험, 지식, 행운, 아름다움, 교육, 편리함, 불편함, 재능, 성공, 질투, 원망, 후회, 증오, 친절, 젊음, 충고, 소식, 정보, 사랑, 존경, 증거, 에너지, 진실, 정직함, 행복, 인내, 평화, 지성, 부, 역사, 숙제, 화학, 심리학, 장기, 포우커, 야구, 축구, 테니스...
experience, knowledge, luck, beauty, education, convenience, uneasiness, talent, success, jealousy, blame, regret, hatred, kindness, youth, advice, news, information, love, admiration, evidence, energy, truth, honesty, happiness, patience, peace, intelligence, wealth, health, homework, chemistry, psychology, chess, poker, baseball, soccer,

tennis.....

이러한 단어들을 영어에서는 그 자체의 의미로 사용할 때는 부정관사를 붙이지 않는다. 하지만 추상명사의 개념이 영어원어민과 우리가 다르므로 나올 때 마다 기억해 두어야 한다. 예를 들어 [충고] 라는 단어도 advice는 불가산, tip은 가산명사로 취급하며 눈에 보이지는 않고 인간의 관념세계를 규정한 말이라 해도 day, night, month, week, year와 같은 단어는 복수화할 수 있다.

기본규칙 5 추상명사앞에 부정관사가 붙으면 개념자체보다는 그것이 만들어낸 물건이나, 상황, 사건, 비유되는 물건 등을 의미한다.

(1) 그는 우리 가족에서 실패작이다 : He is a failure in my family.
(2) 예전에 이 마을에는 한 사랑의 이야기가 있었다 : Once there was a love in this village.
(3) 전자계산기는 편의품이다 : An electric calculator is a convenience.
(4) 한 젊은이가 젊음의 정의를 이야기하고 있다 : A youth is talking about the definition of youth.

실패작 – a failure	성공작 – a success
로맨스 – a love	편의품 – a convenience
젊은이 – a youth	미인 – a beauty
살인사건 – a murder	재능있는 사람 – a talent
주검 – a death	

이러한 명사의 전환은 원어민들의 전환의 예를 꾸준히 기억하면서 스스로도 조어를 해나가서 실제로 많이 사용해 보도록 하자.

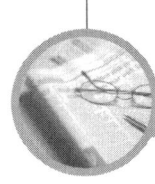

unit 5 명사의 단, 복수와 한정사

기본규칙 6 집합적 개념의 명사는 세지 않는다.

(1) 나는 가구를 만든다 : I make furniture.
(2) 그는 문구를 취급한다 : He deals in stationery.
(3) 의, 식, 주 가 가장 중요하다 : Food, clothing and shelter are the most important.
(4) 우편물이 왔습니다 : You've got mail.

> cf . 집합의 개념을 갖는 세지 않는 명사들
>
> 가구, 돈, 현찰, 우편물, 교통량, 문구류, 기계류, 도자기류, 시...
> furniture, money, cash, mail, traffic, stationery, machinery, pottery, poetry...

기본규칙 7 세상에 하나밖에 없는 고유명사는 원칙적으로 부정관사를 붙이지 않는다.

(1) 나는 쇼팽을 좋아한다 : I like Chopin.
(2) 한국은 동방의 등불이다 : Korea is the light of the east.
(3) 나는 시베리아로 여행을 갔다 : I took a trip to Siberia.
(4) 쏘니는 일본의 상표이다 : Sony is a Japanese brand.

사람의 이름이나, 국가명, 지명, 또는 브랜드명 등에는 원칙적으로 부정관사를 붙이지 않는다.

기본규칙 8 고유명사 앞에 부정관사를 붙여서 세는 명사로 만들면 그 이름이 비유하는 물건이나 작품, 제품, 인물 등이 된다.

(1) 나는 쏘니제품하나를 샀다 : I bought a Sony.
(2) 나는 포드제품하나를 샀다 : I bought a Ford.
(3) 나는 쇼팽과 같은 사람이 되고 싶다 : I want to become a Chopin.
(4) 나는 쇼팽의 한 작품을 연주하고 있다 : I am playing a Chopin.

한국인을 위한 영작 1단계

기본규칙 9 조수사를 사용하여 구체적으로 세는 단위를 부여한다. 조수사는 못 세는 명사와 세는 명사에게 적합한 상황으로 모두 적용될 수 있다.

(1) 개체단위를 세는 조수사

a loaf of bread (한덩어리의 빵)
a lump of suger (각설탕한개)
a school of anchovy (멸치떼)
a bolt of thunder (천둥소리)
a flash of lightning (번갯불)
a pair of jeans (청바지 한 벌)
a roll of film (필름 한 통)
a bunch of flowers (꽃 한 다발)
a pad of money (돈 한 묶음)
a sheet of metal (철판 한 장)
a piece of furniture (가구 한 점)
a set of forks (포오크 한 셋)
an item of machinery (기계 한 점)
an article of furniture (가구 한 점)

(2) 용기단위로 세는 조수사

a cup of ice cream (아이스크림 한 컵)
a bottle of wine (포도주 한 병)
a flask of olive oil (올리브기름 한 병)
a glass of water (물 한 잔)
a can of beer (맥주 한 캔)
a spoonful of syrup (한 숟가락의 시럽)
a handful of sand (모래 한 움큼)
a mouthful of rice (밥 한 입)
a bite of candy bar (막대사탕 한 입)
a lick of ice cream (아이스크림)
a carton of milk (우유 한 통)
a box of pencils (연필 한 통)
a pack of cigarette (담배 한 갑)
a barrel of beer (맥주 한 배럴)

(3) 길이단위로 세는 조수사

a yard of cloth (일 야드의 옷감)
an inch of wire (전선 일 인치)
a meter of plastic bar
(플라스틱 막대기 일 미터)

(4) 무게, 부피 단위로 세는 조수사

an ounce of gold (금 일온스)
a pint of beer
(맥주 일 파인트, 약 0.5 리터)
a liter of water (물 일리터)
a pound of flesh (살 일파운드)

unit 5 명사의 단, 복수와 한정사

제 1과정 unit 5

영작연습문제 1 다음을 지시대로 영작하시오.

1. 커피 한 잔 마실께요.
   [let 으로 시작하여 7글자로]

2. 축구는 한국에서 인기있는 구기이다.
   [a popular ballgame 를 사용하여 7글자로]

3. 너 자동차 있냐?
   [5 글자로]

4. 거미는 네 쌍의 다리를 가지고 있다.
   [has/ four/ of / 7글자로]

5. 거미의 몸은 두 부분으로 나누어진다.
   [its/ divided/ 7글자로]

6. 거미는 더듬이들을 가지고 있지 않다.
   [it/ doesn't/ 4글자로]

7. 그러므로 그것은 곤충이 아니다.
   [so/ 6글자로]

8. 그것은 육식을 하는 동물이다.
   [it/ meat-eating/ 5글자로]

9. 거미들은 비단실을 만들어내고 그것을 많은 방식으로 이용한다.
   [they/ silk thread/ ways/ 10글자로]

10 우리는 돈보다는 정보를 원한다.
[rather than/ 6글자로]

11 3번가에는 교통량이 많다.
[we/ traffic/ on the 3rd avenue/ 8글자로]

12 베트남은 많은 쌀을 재배한다.
[Vietnam/ 4글자로]

13 그의 거실벽에는 모네작품이 한 점 걸려있다.
[There/ hanging/ on the wall of his living room/ 12글자로]

14 나는 화학을 전공한다.
[4글자로]

15 불 좀 빌려주세요.
[may/ 5글자로]

16 치즈 한 장과 계란 후라이 하나가 그 두 개의 빵조각 안에 있다.
[15글자로]

17 같은 깃털을 가진 새들이 함께 무리짓는다.
[Birds/ flock/ a/ 6글자로]

18 그는 일주일에 한번 여기에 온다.
[a/ 6글자로]

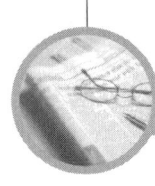

unit 5 명사의 단, 복수와 한정사

모범 답안

1 Let me drink (have) a cup of coffee.
보통 커피는 투명한 용기의 유리잔이라기보다는 불투명 용기의 컵에 담는 경우가 많고 음식을 먹거나 마실 때 구체적으로 eat이나 drink를 써도 되지만 have 동사가 더 일반적이다.

2 Soccer is a popular ballgame in Korea.
축구 등 스포츠 이름 앞에는 부정관사를 붙이지 않는다.

3 Do you have a car?
특정한 자동차가 아니라 일반적 의미의 자동차를 말하며 구체적 숫자를 거명하지 않을 경우는 보통 단수를 말한다. 자동차는 셀 수 있는 명사이므로 부정관사가 필요하다.

4 A spider has four pairs of legs.
거미는 셀 수 있는 명사이고 대표적 성격을 가지고 있으므로 구체적 수치를 표시하지 않을 경우 단수 취급하며 다리를 쌍으로 표현했으므로 조수사를 사용하는 것이 옳고 또한 조수사에 걸리는 명사도 셀 수 있는 명사이므로 복수가 옳다.

5 Its body is divided into two parts.
대표단수의 소유격이므로 its 가 적합하고 두 부분 역시 복수가 옳다.

6 It doesn't have antennae.
곤충의 촉각은 보통 두 개로 이루어져 있으므로 antenna의 복수 antennae 가 옳고 혹시 antennas 라고 쓸 경우는 인간이 만든 수신장치의 복수형이다.

7 So, it is not an insect.
곤충은 셀 수 있는 명사이므로 부정관사 an이 와야 한다.

8 It is a meat-eating animal.
meat-eating 이 합성어로 수식어가 되었고 이 때는 하이픈을 중간에 사용하며 animal이 셀 수 있는 명사이므로 a를 사용한다.

9 They produce(make, create, spin) silk thread and use it in many ways.
thread는 개수로 세지 않고 길이로 따지는 물질명사로 부정관사를 사용하지 않는다. 그러므로 대명사로 받을 때 them 을 사용하지 못하고 it을 사용한다.

10 We want information rather than money.
정보와 돈은 둘 다 집합적 의미의 추상명사이거나 물질명사이므로 일반적 의미일 때 관사를 사용하지 않는다.

11 We have much traffic on the 3rd avenue.
교통량은 버스 택시 승용차 화물차 모터싸이클 등 모든 것을 합쳐서 말하므로 집합적 의미를 갖는 명사이고 이것은 셀 수 없는 명사 취급을 하므로 부정관사를 붙이지 않고 양을 의미하는 much 등으로 수식해야한다.

12 Vietnam grows much rice.
곡식은 보통 양으로 따지므로 many rices 라고 하지 않는다.

13 There is a Monet hanging on the wall of his living room.
모네는 특정한 사람인 화가를 의미하는 것이 아니라 작품을 비유한 말이므로 작품자체는 셀 수 있는 명사이다. 따라서 부정관사를 붙인다.

14 I major in chemistry.
학문은 추상명사이므로 셀 수 없다고 보아서 부정관사를 붙이지 않는다.

15 May I have a light?
여기서 light 는 물질적 의미의 빛이 아니라 라이터나 성냥불이 된 것이므로 개체화 된 것으로 보고 부정관사를 붙인다.

16 A slice of cheese and an egg fry are between the two loaves (slices) of bread.
치즈자체는 물질 명사이고 이것을 셀 수 있는 단위로서 얇은 조각을 의미하는 조수사를 사용하고 달걀 후라이는 개체화 될 수 있다고 보아서 바로 부정관사를 붙였으며 빵은 역시 물질명사이므로 셀 수 있는 조수사로 둥근 덩어리나 얇은 조각을 의미하는 loaf 나 slice를 사용하는 것이 적합하다.

17 Birds of a feather flock together.
여기서 부정관사 a는 하나의 즉 동일한 이라는 의미를 가지고 있다.

18 He comes here once a week.
여기서 부정관사 a는 전치사 per의 의미를 가지고 있다.

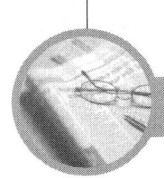

바른영어훈련소

unit 5 명사의 단, 복수와 한정사

기본규칙 10 정관사 the 의 활용

정관사 the는 셀 수 있는 명사 혹은 셀 수 없는 명사에 둘 다 붙여 쓸 수 있다. 또한 정관사 the는 단수명사 혹은 복수명사에 둘 다 붙여 쓸 수 있다. 다만 정관사 the는 대화자간에 정보가 노출되어져 있는 특정 명사에 사용한다. 따라서 정관사 the가 붙어있는 명사를 읽을 때는 일단 [말하는 사람과 듣는 사람이 모두 알고 있는 명사] 라는 생각으로 이해하면 된다.

다음의 예를 보자.

한국어
(1) 나는 집을 하나 샀다.
(2) 그 집은 한 중국인 부부에 의해 소유되었던 것이다.
(3) 그 중국인 부부는 아들이 하나 있었다.
(4) 그런데 그 아들은 개 한 마리를 그의 한 친구에게서 얻었다.
(5) 그 개는 그 친구가 매우 아끼던 개였다.

영작
(1) I have bought a house.
(2) The house was owned by a Chinese couple.
(3) The couple had a son.
(4) He (The son) got a dog from one of his friends.
(5) The dog had been treasured by the friend.

위의 예에서 보듯이 최초에 언급되는 명사는 글을 읽는 사람입장에서 해당명사에 대한 아무런 정보를 가지고 있지 못한다. 하지만 두 번째 언급될 때는 이미 기존에 언급된 부분에 대한 정보를 가지고 있기 때문에 어떤 명사를 지칭하는지 알게 된다. 이것이 정관사 the 의 가장 일반적인 활용개념인 것이다.

정관사 the는 또한 최초에 언급하는 것이라 할지라도 이미 여러 사람들에게 알려진 특정한 명사앞에 사용한다. 즉, 모두가 알고 있는 지명이나, 특정국가, 지형, 단체 등에 사용한다.

예컨대, 하늘에 무수히 많은 항성들(suns) 들이 있지만 지구인들이 모두 알고 있는 항성은 우리의 태양이므로 the sun 하면 밤하늘의 먼 별들이 아니라 우리의 태양이 되는 것이고 우주에는 많은 위성들 (moons) 이 있지만 지구의 달에 대해서 우리들이 공통의 정보를 가지고 있으므로 the moon 하면 지구에서 바라본 우리의 달이 되는 것이다.

그 외에도 정관사를 the를 쓸 수 있거나 써야 하는 곳은 다음과 같다.

1 수식받은 명사로서 그 수식으로 인하여 확실한 정보가 노출되어 졌다고 여겨지는 명사

- Towards the end of the 1990s, he visited Seoul.

  [1990년대 말에 그는 서울을 방문했다.]

  이 경우 1990년대의 말이라고 하면 인류전체가 알게 되는 시점으로 정관사 the 를 붙여서 end 를 다른 end 와 구별 짓게 만든다.

- This is a road to Seoul

  [이것은 서울로 가는 한 도로이다.]

  이 경우는 to Seoul에 의해 수식을 받았지만 [서울로 가는 길] 이 여러 개 라고 보고 그 중의 한 개를 언급했으므로 부정관사가 가능하다.

- This is the road to Seoul.

  [이것은 서울로 가는 그 길이다.]

  이 경우는 [서울로 가는 그 길] 이라는 개념이 되어 듣는 사람이 이 길에 대한 정보를 가지고 있다고 상정한다.

- The water in this pond is so clear.

  [이 연못의 물은 매우 깨끗하다.]

  이 연못의 물은 세상에서 하나 밖에 없는 물질이므로 그냥 water 라고 할 수 없다.

- Seoul is the capital of Korea

  [서울은 한국의 수도이다.]

  이 경우도 한국의 수도는 한 곳이므로 수많은 수도들 중 서울로 한정하여 그 의미를 밝혔으므로 the capital 이 올바른 표현이다.

unit 5 명사의 단, 복수와 한정사

2 널리 알려진 관공서나 공공용 건물의 고유명사 이름 앞에

the State Department : 국무성
the Foreign Ministry 혹은 the Ministry of Foreign Affairs : 외교부
the YongSan National Museum : 용산 국립박물관
the White House : 백악관

> 단 지명이 붙어서 만든 공공건물은 보통 무관사가 많다.
> Seoul Station : 서울역
> Waterloo Bridge : 워털루 교
> Incheon International Airport : 인천국제공항
> Namsan Park : 남산공원

3 공화국이나 복수형의 특정국가명앞

the United States of America : 미합중국   the Republic of Korea : 대한민국
the Netherlands : 네덜란드   the Philippines : 필리핀

4 널리 알려진 항공사, 철도, 선박명 앞에

the Titanic : 타이타닉호   the Korean Airlines : 대한항공
the JAL : 일본항공

5 널리 알려진 지형명사 앞에

the Sahara : 사하라사막   the West Indies : 서인도제도
the Bahamas : 바하마제도   the English Channel : 영국해협
the Pacific Ocean : 태평양   the Thames : 테임즈강
the Himalayas : 히말라야산맥   the Italian Peninsula : 이탈리아반도

6 나라이름 혹은 대륙명의 고유형용사와 함께 국민전체

the English : 영국사람들　　　　the French : 프랑스사람들
the Swiss : 스위스사람들　　　　the Canadians : 캐나다 사람들
the Americans : 미국사람들　　　the Asians : 아시아사람들
the Europeans : 유럽사람들

7 고유형용사로 만든 언어는 무관사이나 뒤에 language를 붙이면 정관사를 사용한다

English = the English language　　　Korean = the Korean language

8 계량의 단위에 사용하는 정관사

- You can hire the bike by the hour.
  [자전거를 시간단위로 빌릴 수 있습니다]
- We sell the cloth by the yard.
  [우리는 그 천은 야아드단위로 팝니다.]
- He is paid by the week.
  [그는 주급을 받는다.]

9 형용사나 분사와 함께 사용하면 복수의 사람들을 의미할 수 있다.

- The rich look down on the poor.
  [부자들은 빈자들을 낮추어 본다.]
- The well-known are invited to the ceremony.
  [유명인사들이 그 의식에 초대되었다.]

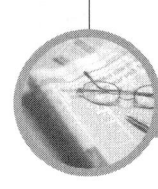

바른영어훈련소

unit 5 명사의 단, 복수와 한정사

10 only, same, 서수사 등이 꾸미는 명사의 앞에서는 정관사

- The only reason I went there was that I wanted to see her once more.
  [내가 거기에 갔던 유일한 이유는 내가 그녀를 다시 한번 보고싶었다는 것이다.]
- This is the same watch that I lost at the party.
  [이것은 내가 그 파티에서 잃어버린 것과 같은 시계이다.]
- He is the first man to betray you.
  [그가 너를 배신할 제일 첫 인물이다.]

11 일반적의미의 요일, 월, 계절 앞에는 관사를 사용하지 않는다.

- I like summer.
  [나는 여름이 좋다.]
- I will meet you Sunday.
  [나는 너를 일요일에 만나겠다.]
- November is a beautiful month.
  [11월은 아름다운 달이다.]

12 그 외 학문명, 병명, 운동명 등에는 관사를 사용하지 않는다.

- He is suffering from hepatitis.
  [그는 간염으로 고생한다.]
- I hate politics.
  [나는 정치학이 싫다.]
- Baseball, football and basketball are very popular in America.
  [야구, 미식축구, 농구는 미국에서 매우 인기있다.]

제 1과정 unit 5

영작연습문제 2 다음을 지시대로 영작하시오.

1. 그 기차는 한 시간에 50마일의 속도로 달렸다.
   [at the speed of/ 11글자로]

2. 설탕은 파운드 단위로 팔린다.
   [6글자로]

3. 우리도 가을 소풍으로 같은 장소에 갔습니다.
   [for the autumn picnic/ 10글자로]

4. 이것은 내 어머니의 유일한 사진이다.
   [8글자로]

5. 어떤 사람이 전화했다.
   [3글자로]

6. 우리는 런던역에서 내렸고 대영박물관을 찾기 시작했습니다.
   [got off/ began to find/ 13글자]

7. 당신은 인도어를 구사할 수 있습니까?
   [speak/ 6글자로]

8. 나는 새들을 좋아한다.
   [3글자로]

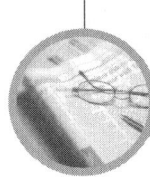

unit 5 명사의 단, 복수와 한정사

9 나는 이 숲속에 있는 새들을 좋아한다.
   [woods/ 7글자로]

10 내 테이블에 꽃 한 송이가 있으면 좋겠다.
    [on/ 7글자로]

11 내가 너의 얼굴을 보았던 첫 순간을 잊을 수가 없다.
    [관계사절을 사용하되 관계사를 쓰지 말것/ I ever saw/ can't/ 11글자로]

12 대서양이 가장 짠 대양이다.
    [6글자로]

 모범답안

1 The train ran at the speed of 50 miles an hour.
   시간당이라고 말할 때 속도 끝에 an hour 를 사용한다.

2 Sugar is sold by the pound.
   계량의 단위는 by the + 계량단위

3 We went to the same place for the autumn picnic.
   [같은 명사] 라고 말할 때 [the same + 명사]

4 This is the only picture of my mother.
   [유일한 명사] 라고 말할 때 [the only + 명사]

5 A man called.
   밝혀지지 않은 정보의 단수 보통명사 앞에는 부정관사

6 We got off at London station and began to find the British Museum.
   런던역은 지명이름을 딴 고유명사의 공공건물이므로 무관사이며 박물관은 보통 정관사 the와 함께 사용한다.

7 Can you speak the Indian language?
   language 를 사용할 때는 정관사 the 와 함께

8 I like birds.
   가산명사의 복수형인데 특정한 새들이 아니라 일반적인 새들을 의미하므로 정관사를 사용하지 않는다. 이 때 대표단수를 써서 I like a bird. 라고 하면 새들이라는 복수의 의미보다는 한 마리를 강조하는 표현이된다. 물론 주어자리에는 대표단수를 사용하거나 무관사 복수를 사용해도 의미는 같아진다. 즉, A bird hatches from an egg 는 Birds hatch from eggs 와 같은 의미이다. 하지만 목적어로 사용될 때는 의미가 달라진다는 점에 주의할 것.

9 I like the birds in this woods.
   이 숲의 새들이라고 의미를 한정지었으므로 정관사 the를 사용할 수 있다. 숲이라는 단어 woods 는 단수형 this 나 a 로도 수식이 가능하다.

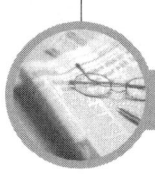

unit 5 명사의 단, 복수와 한정사

10 I like a flower on my table.
[어디에 무엇이 있으면 좋겠다] 라는 의미의 표현법이다.

11 I can't forget the first time I ever saw your face.
서수가 붙는 명사 앞에는 원칙적으로 정관사를 사용한다. 관계사절에는 관계사 when 내지 that 을 생략했다.

12 The Atlantic Ocean is the saltiest.
문미에는 ocean of all 의 의미가 생략되어있다. 즉 [모든 대양들 중에서]

unit 6
기본 문형 5가지

글의 의미를 전달하는데 필수적으로 사용되는 4가지 요소는 각각 주어, 동사, 목적어, 그리고 보어이다. 이 4가지 중 몇 개를 사용해서 의미를 완성하느냐에 따라 크게 5가지 기본 문형이 있다. 물론 전치사가 들어가면서 전치사의 목적어가 의미완성을 위한 다른 중요한 역할을 하게 된다.

우선 5가지의 문형을 살펴보자.

(1) John died.
(2) John was strong.
(3) John liked me.
(4) John gave me courage.
(5) John kept me happy.

위의 다섯 개의 문장은 기본 5형식에 가장 단순하고 충실한 문장들이다.

그런데 이런 기본요소들과 함께 문장의 의미를 구체적이고 풍요롭게 해 주기 위해 사용되는 보조요소들이 바로 형용사, 부사, 그리고 전치사와 그 목적어이다. 이제 보조요소가 들어간 문장을 살펴보자.

(1) My father died last night.
   [내 아버지는 어제 밤 사망했다.]
   여기서는 my 가 수식어로서 주어 father를 꾸미고 last night 은 시간의 부사구로 동사의 시점을 보조하고 있다.

(2) John was very strong.
   [John은 매우 튼튼했다.]
   여기서는 very 가 strong을 꾸미는 부사이다.

(3) He always keeps his car clean.
   [그는 항상 그의 차를 깨끗하게 유지한다.]
   여기서는 부사 always가 동사를 꾸미고 있으며 소유격 his 가 car를 다시 꾸미고 있다.

unit 6 기본 문형 5가지

(4) He lives in the city.

[그는 그 도시에서 산다.]

여기서는 in the city가 장소의 부사구로 동사의 의미를 보조하고 있다.

(5) He does well in school.

[그는 학교에서 잘하고 있다.]

여기서는 부사 well 과 장소의 부사구 in school 이 동사 does의 의미를 보조하고 있다.

제 1과정 unit 6

영작연습문제 다음을 지시대로 영작하시오.

1 나는 어제 밤 꿈을 꾸었다.
[6글자로]

2 나는 그가 이상하다고 파악했다.
[found/ 4글자로]

3 나는 우리 개를 슈슈라고 부른다.
[Shushu/ 5글자로]

4 엄마는 나에게 잠자리이야기를 읽어주신다.
[Mom/ bedtime stories/ 5글자로]

5 Kevin은 매일 아침 조깅을 한다.
[4글자로]

6 나는 그를 현명하다고 생각한다.
[접속사 포함 6단어로]

7 나는 그를 현명하다고 생각한다.
[단문 4단어로]

8 그 동물은 곰처럼 보였다.
[5글자로]

9 그는 나에게 미소 짓는다.
[5글자로]

10 그는 나에게 미소 짓는다.
[4글자로]

11 나는 어제 밤 그와 함께 있었다.
[6글자로]

unit 6　기본 문형 5가지

모범답안

1　I had a dream last night.
[꿈을 꾸다]를 동사로 직접 써서 I dreamed ... 라고 할 수도 있지만 다소 문어적이고 가장 일반적 표현은 have a dream 내지는 dream a dream 인데 후자의 표현은 뒤의 명사에 수식어가 붙을 때 주로 사용한다. 즉 I dreamed a strange dream 의 경우에서는 가능하다.

2　I found him strange.
find동사의 5형식적 운용에 대해서 잘 알아두자

3　I call my dog Shushu.
call 동사의 5형식적 운용에 대해서 잘 알아두자

4　Mom reads me bedtime stories.
read 동사의 4형식적 운용에 대해서 잘 알아두자

5　Kevin jogs every morning.
go jogging 혹은 go for a jog 이라는 표현도 사용할 수 있다.

6　I think that he is wise.
복문 3형식으로 구성하였다

7　I think him wise.
단문 5형식으로 구성하였다.

8　The animal looked like a bear.
전치사 like 를 동사에 붙여서 구동사를 만들었다. 다른 동사 뒤에서도 전치사 like는 자주 사용되어지는데 주된 표현을 알아두자.
be like : −와 비슷하다.
seem like : −처럼 보이다
act like : −처럼 행동하다
feel like : −같은 느낌이 들다

9 He gives me a smile.
4형식으로 구성하였다.

10 He smiles at me.
smile을 동사로 사용하고 전치사를 붙였다. smile은 바로 목적어를 갖지 않는다.

11 I was with him last night.
be 동사와 전치사를 붙여서 자주 사용되어지는 구를 만들었다. be 동사는 많은 전치사와 함께 어울려서 영작의 긴요한 표현들을 만드는데 자주 사용되어진다.

> I am against it : 나는 그것에 반대한다.
> His life is in my hand : 그의 목숨은 내 손안에 있다.
> This machine is in use : 이 기계는 사용 중이다.
> I am at it : 나는 그것에 정식으로 착수하고 있다.
> This is for you : 이것은 당신을 위한 것이다.
> He is under my control : 그는 내가 통제하고 있다.
> They are under investigation : 그들은 조사받고 있다.
> He is above me in math : 그는 수학에서 나보다 잘한다.
> He is unlike his brother : 그는 자기 형제와는 다르다.

바른영어훈련소

www.properenglish.co.kr

한국인을 위한 영작 1단계

제 2 과정

효율적 영작을 위한 기본동사의 운용

unit 1
be동사를 자유자재로 활용하라

be동사는 매우 다양한 용법과 해석법을 가지고 있다. 가장 기본적이면서 가장 무시되고 있는 be동사의 용법을 이 기회를 통하여 확실히 익히고 많은 기본 문장들에서 활용함으로써 원어민들의 be 동사 활용에 대한 감각을 훈련하자.

1 be 동사의 기본 형태

- 원형 : be
- 일인칭 단수 현재형 : am
- 이인칭 및 일, 삼인칭 복수 현재형 : are
- 삼인칭 단수 현재형 : is
- 일인칭 단수 삼인칭 단수 과거형 : was
- 이인칭 및 일, 삼인칭 복수 과거형 : were
- 완료형 : been
- 진행형 : being

2 be 동사와 형용사의 활용

한국어의 [아름답다, 추하다, 크다, 작다, 덥다, 춥다, 정직하다, 성실하다, 중요하다, 불가능하다…….] 와 같은 표현들을 영어에서는 어떻게 표현할까?

이러한 낱말들은 언뜻 보기에 한 단어 동사들처럼 보이지만 실제로 잘 생각해 보면 성질과 상태를 의미하는 형용사에 동사형 [-하다]를 붙여서 만든 말들이다.

바로 이런 표현들을 영어에서는 be동사와 해당형용사를 붙여서 만든다. 그러므로 전부 두 단어짜리 표현이 되는 것이다.

- 그녀는 아름답다.
  [She is beautiful.]

- 그는 추하다.
  [He is ugly.]

- 그 집은 크다.
  [The house is big.]

- 그의 차는 작다
  [His car is small.]

- 오늘은 덥다.
  [It is hot today.]

- 어제는 추웠다.
  [It was cold yesterday.]

- 나는 정직하다.
  [I am honest.]

- 우리는 성실했다
  [We were diligent.]

- 그의 존재는 오래 동안 나에게 중요했다
  [His presence has long been important.]

- 그 사람을 잊는다는 것은 불가능하다
  [It is impossible to forget him.]

- 나는 잘 있다
  [I am quite well.]

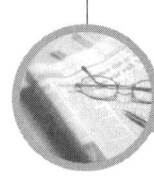

unit 1 be동사를 자유자재로 활용하라

3. be 동사와 분사의 활용

be 동사는 순수한 형용사 뿐만이 아니라 분사 즉 ing 나 pp 형태의 형용사들과도 어울려서 성질과 상태의 의미를 만든다.

- 그의 이야기는 흥미롭다.
  [His story is interesting.]
- 나는 피곤하다.
  [I am tired.]

- 그는 유명하다.
  [He is well-known.]

- 그는 당황했다.
  [He was embarrassed.]

- 그녀는 황당한 스타일이다.
  [She is embarrassing.]

4. be 동사와 전치사의 활용

be 동사는 뒤에 전치사를 붙여서 존재의 의미와 함께 사용되는 여러 가지 부가적 의미를 만든다.

- 그는 침대에 있다.
  [He is in the bed.]

- 그의 이름이 생각 날듯 말듯하다.
  [His name is on the tip of my tongue.]

- 그 상점은 그 식당과 그 옷가게 사이에 있다.
  [The shop is between the restaurant and the boutique.]

한국인을 위한 영작 1단계

- 그 집은 불타고 있다.
  [The house is on fire.]

- 그 집은 불타고 있다.
  [The house is in flames.]

- 우리는 식사 중 이었다.
  [We were at table.]

5 be 동사와 진행형의 활용

동작동사의 진행형과 함께 동작이 진행됨을 알릴 때

- 그 여자는 지금 노래를 부르고 있다.
  [She is singing now.]

- 그는 너의 이름을 부르고 있다.
  [He is calling your name.]

6 be 동사와 부정사의 활용

be동사는 뒤에 부정사를 붙여서 예정, 명령, 의무, 운명, 가능, 의도, 소망..등의 의미로 사용된다.

- 우리는 5시에 집합하기로 되어있다.
  [We are to meet at 5.]

- 아무도 보이지 않았다.
  [No one was to be seen.]

바른영어훈련소

unit 1 be동사를 자유자재로 활용하라

7 be 동사와 명사보어의 활용

be동사 뒤에 명사를 받아서 [-이다, -되다] 의 의미로 사용한다.

- 그는 훌륭한 의사가 될 것이다.
  [He will be a good doctor.]

- 2곱하기 2는 4이다.
  [Twice two is four.]

- 나야.
  [It's me.]

- 우리는 동갑이다.
  [We are the same age.]

- 나는 너의 아내가 되고 싶다.
  [I want to be your wife.]

8 be 동사와 부정사, 동명사, 명사절의 활용

be 동사는 뒤에 부정사나 동명사 또는 절을 받아서 [-이다] 의 의미로 사용된다.

- 살아가는 것은 투쟁하는 것이다
  [To live is to fight.]

- 보는 것이 믿는 것이다
  [Seeing is believing.]

- 문제는 그녀가 그것을 좋아하지 않는다는 것이다
  [The trouble is that she does not like it.]

- 문제는 무엇을 할 것인가가 아니라 그것을 어떻게 할 것인가 이다
  [The question is not what to do but how to do it.]

- 그것이 바로 내가 말하고 싶었던 것이다
  [That is what I wanted to say.]

9 be 동사의 특별한 해석법

생존하다, 잔존하다, 일어나다, 지속하다 의 의미로 사용되는 be동사의 용법

- 그를 그대로 두어라
  [Let him be.]

- 의식은 언제 거행됩니까?
  [When is the ceremony to be?]

unit 1 be동사를 자유자재로 활용하라

제 2과정 unit 1

영작연습문제 다음을 지시대로 영작하시오.

1 그 벌레는 징그럽다.
   [disgust를 활용할 것/ worm/ 4글자로]

2 그는 우리와는 다르다.
   [from us/ 5글자로]

3 게으름 피우지 마라.
   [3글자로]

4 야망을 가져라.
   [be 동사 사용/ 2글자로]

5 나는 행복하고 싶다.
   [be 동사 사용/ 5글자로]

6 그 개는 사슬에 매여 있다.
   [on 사용/ 6글자로]

7 나는 학교에 가는 길이다.
   [on을 사용/ 7글자로]

8 청바지들은 지금 할인판매중입니다.
   [on을 사용/ 6글자로]

9 내 아내가 되어주세요.
   [3글자로]

10 나는 좀 더 신중했어야 했다.
    [careful/ 6글자로]

모범답안

1 The worm is disgusting.
동사 disgust 를 분사로 활용하여 be 동사와 함께 성질, 상태의 표현을 만들었다.

2 He is different from us.
[다르다] 라는 표현은 성질과 상태를 의미하므로 be 와 형용사를 활용하고 뒤에 전치사구를 넣어서 부가적 표현을 만들었다.

3 Don't be lazy.
[게으르다] 라는 표현은 성질과 상태를 의미하므로 be 동사와 형용사를 활용하였으며 부정명령문이라 앞에 Don't 나 Never를 붙인다.

4 Be ambitious.
물론 Have (an) ambition. 이라고 표현할 수도 있지만 be 동사를 활용하는 것을 연습한다.

5 I want to be happy.
be happy 를 부정사에 활용하였다.

6 The dog is on the chain.
be 동사 뒤에 전치사를 붙이는 연습

7 I am on my way to school.
be 동사 뒤에 on one's way to 장소 : -로 가는 길이다

8 The jeans are on sale now.
be on sale : 할인 판매중이다

9 Be my wife.
be 동사 뒤에 명사 보어를 달고 명령문으로 사용하였다.

10 I should have been more careful.
be 동사에 should have pp 를 사용하여 [-했어야 했다] 라는 표현을 만들었다.

unit 2
기본동사 make의 활용

1. make 동사의 기본개념은 [제조, 창조, 제작, 생산, 수행] 정도이다.

한국어의 [만들다] 개념과 가장 가깝다. 이 동사는 다양한 형식에서 사용될 수 있지만 일단은 목적어를 하나 받아서 사용되는 3형식에서 가장 널리 사용된다. 그러므로 목적어를 받아야 하고 목적어 자리에는 원래 명사나 대명사가 올 수 있다. 여기서 사용되는 명사는 셀 수 있는 명사, 못 세는 명사 둘 다 가능하다. 용례를 들어보자.

- 나는 행복을 만드는 사람이다
  [I am a man who makes happiness.]

- 아빠가 점심을 만든다
  [Dad makes lunch.]

- 그것은 논리를 만든다 (말이 된다)
  [It makes sense.]

- 그는 한 발자국 더 뒤로 걸었다
  [He made one more back step.]

- 엄마가 홍차를 만드셨다
  [Mom made red tea.]

- 그 기계는 소음을 만든다
  [The machine makes noise.]

- 좋은 계획을 만들자
  [Let's make a nice plan.]

- 신은 인간을 만들었다
  [God made man.]

위에서 본 예들은 전부 make 의 목적어로 명사를 사용하였으며 한국어의 의역과 직역에 유의하면서 만들어 낸 결과물들을 중심으로 살펴보아야 한다.

이 동사는 다른 동사를 명사화하여 목적어로 만들어서 유용하게 사용되기도 한다. 즉 [그는 중대한 결정을 했다] 라고 할 때 [결정을 하다] 라는 동사 decide 를 사용하면 [중대한] 이라는 형용사를 제대로 사용하기 어려우므로 He made a grave decision 이라고 하여 decide를 명사목적어로 삼고 다시 동사를 make 로 사용하면 충실하게 표현할 수가 있다.

이런 활용을 많이 알아두면 영작이 매우 부드러워 지고 당연히 원어민들의 표현에 한층 가깝게 되는 것이다.

노력을 하다 : make an attempt, make an effort
추측을 하다 : make a guess
연설을 하다 : make a speech
결정을 하다 : make a decision
계획을 하다 ; make a plan
계획을 하다 : make an arrangement
약혼을 하다 : make an engagement
제안을 하다 : make an offer
대답을 하다 : make an answer
휴식을 하다 : make a pause
진보를 하다 : make progress
서두르다 : make haste
답을 하다 : make a reply
실수를 하다 : make a mistake
제안을 하다 : make a suggestion
돈을 벌다 : make money
문제를 일으키다 : make trouble
예약을 하다 : make a reservation

위의 표현들은 목적어인 명사를 동사화하여 바로 사용할 수도 있지만 그렇게 되면 형용사의 활용도가 떨어지므로 3형식적으로 사용하는 것이 좀 더 효율적이다.

unit 2 기본동사 make의 활용

2 그 외에도 make 가 목적어를 하나 받아서 자주 사용되는 표현을 익혀두자.

- make a fortune : 팔자를 고치다, 큰 돈을 벌다
  He made a great fortune in the casino.
  [그는 그 카지노에서 한 밑천 벌었다.]

- make a living : 생계를 꾸리다
  He made his living with quick delivery services.
  [그는 급행배달로 생계를 꾸렸다.]

- make + 교통수단 : 시간 맞추어 타다
  If you hurry, you can make the next ferry.
  [서두르시면 다음 여객선을 탈 수 있습니다.]

> * make it : 상황을 성공적으로 수행하다 혹은 시간 약속을 잡다
>   - When shall we make it?
>   [언제로 할까요? 언제 만날까요?]
>
>   - You can make it if you try.
>   [노력하시면 성공합니다.]
>
>   - He didn't make it.
>   [그는 해내지 못했다. 그는 실패했다. 등등]

3 make 에는 주어가 그 결과 무엇이 되다 의 의미가 있다. 이 경우도 만들어진 결과를 의미하는 말이다.

- He will make an excellent scholar.
  [그는 훌륭한 학자가 될 것이다.]

- I will make him a nice wife.
  [나는 그에게 좋은 아내가 될 것이다.]

- Two and two make four.
  [2더하기 2는 4가 된다.]

- A hundred cents make one dollar.
  [100센트는 일 달러가 된다.]

make 동사는 목적어 뒤에서 목적보어로 형용사나 명사를 받아서 [목적어를 어떤 상태나 존재로 만들다]의 용도로 이용되기도 한다. 이 경우 5형식 구조가 된다.

- I will make him my servant.
  [나는 그를 하인으로 삼겠다.]

- The situation has made him a hero.
  [상황이 그를 영웅으로 만들었다.]
  Flowers make my room cheerful.
  [꽃들이 내 방을 환하게 만든다.]

- My answer made him angry.
  [내 답이 그를 화나게 만들었다.]

- Make this product available in the market as soon as possible.
  [이 제품을 가능한 한 빨리 시장에서 이용가능 하도록 만드세요. (출시시켜라)]

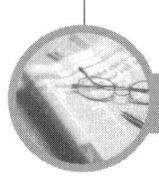

unit 2 　기본동사 make의 활용

5 make 동사는 목적어 뒤에서 원형동사를 받아서 [목적어가 어떤 행위를 하도록 만들다] 의 의미를 전달한다.

- I made him go.
  [나는 그를 가도록 만들었다.]

- The author was asked to make the couple live happily ever after.
  [작가는 그 이후 그 커플이 영원히 행복하게 살도록 만들 것을 요구받았다.]

6 그 외에도 make와 연관된 주요 숙어들을 기억하자

- make believe : 가장하다
  Let's make believe that we are foreigners.
  [우리가 외국인인척 가장하자.]

- make for : -의 방향으로 나아가다
  Seeing a light, I made for it.
  [불빛을 보고 나는 그 방향으로 나아갔다.]

- make out : 작성하다/ 식별하다/ 이해하다..
  I can't make out what he wants.
  [나는 그가 무엇을 원하는지 이해할 수 없다.]

- make up : 구성하다/ 분장하다/ 변상하다/ 조작하다/ 화해하다...
  The story is made up.
  [그 이야기는 날조된 것이다.]

제 2과정 unit 2

 다음을 지시대로 영작하시오.

1. 그는 한국이 농업시장을 열게 만들기 위한 노력을 할 것이다.
[agriculture market/ an effort/ 12자]

2. 스테로이드의 과다섭취는 당신을 감기에 취약하게 만들 수 있다.
[of steroids/ vulnerable to a cold/ 11자로]

3. 너는 그와 화해했어야 했다.
[7자로]

4. 희망 때문에 나는 달렸다.
[4글자로]

5. 너를 이해하도록 만들어줘.
[4글자로]

6. 스위스사람들이 세계에서 가장 우수한 chocolate을 만든다.
[the/ the/ the/ 9글자로]

7. 그의 아이디어는 할인을 받는 것을 가능하게 했다.
[it/ to get a discount/ 9글자로]

8. 우리는 세상을 좀 더 살기 좋은 곳으로 만들어야 한다.
[have to/ 11글자로]

9. 당신은 해냈다.
[완료시제/ 4글자로]

10. 이 약은 운전 중에 당신을 졸리게 만들 수 있다.
[this medication/ 8글자로]

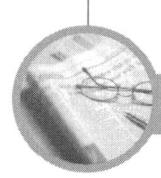

바른영어훈련소

unit 2 기본동사 make의 활용

모범답안

1. He will make an effort to make Korea open its agriculture market.
   두 번째 make는 목적어 뒤에 원형동사를 받았고 한국을 소유격으로 할 때 its를 사용했다

2. Excessive intake of steroids can make you vulnerable to a cold.
   make 동사가 목적어를 받은 후 목적어의 상태를 표시하는 형용사 보어를 취했다.

3. You should have made up with him.
   make up with + 사람 : -와 화해하다

4. Hope made me run.
   이 경우, I ran because of hope 이라고 영작을 하면 글자 수가 맞지 않는다.

5. Make me understand you.
   [목적어가 어떤 행위를 하도록 만들다] 의 표현에 가장 많이 쓰는 방법이 make 와 let 다음에 목적어 + 원형동사

6. The Swiss make the best chocolate in the world.
   정관사 the 와 나라이름 형용사는 국민전체를 의미하는 복수보통명사가 된다. 최상급 명사 앞에는 정관사 the를 사용한다.

7. His idea made it possible to get a discount.
   [어떤 행위를 가능하게 만들다] 하는 의미에 가장 흔히 쓰는 구조는 make it possible to + 동사원형 물론 이 경우 He could get a discount with his idea 라고 표현해도 되지만 지금은 make동사의 활용을 배우고 있다.

8. We have to make the world a better place to live (in).
   make의 대표적 5형식 구조이고 뒤의 부정사는 수식관계에 있다.

9. You have made it.
   [상황을 극복하다]라는 의미의 가장 기본적 구조

10. This medication can make you sleepy while driving.
    make의 대표적 5형식 구조이고 while 다음에는 you are 가 생략되어 있다.

unit 3
기본동사 take의 활용

1 손이나 발을 이용해서 잡거나 쥐는 행위에 사용한다.

- The child took my arm.
  [그 아이는 내 팔을 잡았다.]

2 사로잡다, 포획하다

- He took lots and lots of sardines in the net.
  [그는 그물로 엄청나게 많은 정어리를 잡았다.]

3 차지하다, 획득하다

- His team took the first prize.
  [그의 팀이 일등을 차지했다.]

4 구매하다, 구독하다

- I will take it. Wrap it up.
  [사겠습니다. 포장해주세요.]

5 손으로 받다, 수납하다, 취하다

- Please take this gift.
  [이 선물을 받아주세요.]

- I will not take one cent less for this.
  [이 제품은 한 푼도 깎아드릴 수 없습니다.]

unit 3 기본동사 take의 활용

6 맞아들이다

- I will take him for my husband.
  [나는 그를 남편으로 맞아들인다.]

7 채택하다, 강구하다

- Take a strong action against juvenile delinquency.
  [십대의 비행에 대해 강력한 조치를 취해라.]

8 택하다

- I took the shortest way I thought.
  [내 생각에 지름길을 택했다.]

- Take a left turn at the second corner.
  [두 번째 모퉁이에서 좌회전 하세요.]

9 수업 등을 받다

- I took no English courses in school.
  [나는 학교에서 영어수업을 받지 않았다.]

10 빼앗다, 앗아가다, 허락없이 가져가다

- He took my car.
  [그가 내 차를 가져갔다.]

- The earthquake took more than a hundred lives.
  [그 지진은 백 명 이상의 목숨을 앗아갔다.]

- Pneumonia took her life.
  [그녀는 결핵으로 목숨을 잃었다.]

- If you take 3 from 8, you get 5.
  [8에서 3을 빼면 5이다.]

11
가지고 가다, 휴대하다 : 이 경우는 [가지고 오다]의 bring 동사와 혼동하지 않아야 한다. take는 말하는 사람 입장에서 물건이 멀어지는 입장으로 보고 bring은 물건이 가까워지는 입장으로 보면 구별이 쉽다.

- Please take this umbrella to my son.
  [이 우산을 내 아들에게 가져다주세요.]

- He usually takes sweets home to his children.
  [그는 으레 집에 있는 아이들에게 단것을 가져다준다.]

- Bring me a glass of wine and take a cup of tea to my driver.
  [나에게는 포도주 한 잔을 가져다주고 내 운전기사에게 차 한 잔을 가져다주세요.]

12
데리고 가다

- He takes me to the amusement park.
  [그는 나를 그 놀이공원에 데리고 다닌다.]

- He took her out for lunch.
  [그는 그녀를 점심식사에 불러냈다.]

13
탈 것을 타다

- I took the bus but got off at the wrong stop.
  [나는 그 버스를 탔으나 잘못 내렸다.]

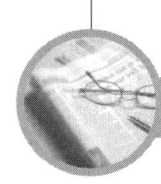

unit 3 기본동사 take의 활용

14 먹다, 마시다, 복용하다

- I took the medicine.
  [나는 그 약을 복용했다.]

- Take a deep breath.
  [깊은 숨을 들이마셔라.]

15 해석하다, 받아들이다

- Don't take it personally.
  [이것을 사적인 감정으로 받아들이지 말아라.]

- What do you take me for?
  [너는 나를 무엇으로 보는 것이냐?]

이상에서 살펴본 것처럼 take는 적극적인 의지를 가지고서 목적어를 취하거나 얻어내는 의미에 사용하는 동사이다. 다음의 숙어적 표현들을 알아두고 영작에 활용하자.

take advantage of : 이용하다	take charge of : 책임지다
take notice of : 주목하여 보다	take pride in : 자랑스러워 하다
take the place of : 대체하다	take after : 닮다

16 시간이나 노력 등을 필요로 하다

- I may take long.
  [시간이 좀 걸릴지도 모르겠다.]

- It takes you at least a year to produce a lovely and satisfactory composition.
  [멋지고 만족스런 작문을 만들어 내는 것은 적어도 일 년의 세월이 걸린다.]

제 2과정 unit 3

영작연습문제 다음을 지시대로 영작하시오.

1. 우리 가게는 신용카드를 받지 않습니다.
   [in this shop/ 8글자로]

2. 나는 그녀에게서 그 지갑을 빼앗았다.
   [6글자로]

3. 오래 걸리지 않을 것입니다.
   [it/ 4글자로]

4. 여기서 제가 일자리를 얻을 수 있나요?
   [a job/ 6글자로]

5. 그는 그 손전등을 입에 물었다.
   [the flashlight/ in/ 7글자로]

6. 다음 달에 나는 중요한 시험을 본다.
   [I am going to/ 10글자로]

7. 그는 나에게서 모든 것을 앗아갔다.
   [5글자로]

8. 어떤 신문을 구독하십니까?
   [what paper/ 5글자로]

9. 잘 생각하고 대답하세요.
   [your time/ before/ 5글자로]

10. 그 문제는 자연스레 풀리도록 맡기자.
    [let/ its own course/ 7글자로]

11. 그녀는 아침을 준비하느라 오랜 시간이 걸렸다.
    [a long time/ prepare/ 8글자로]

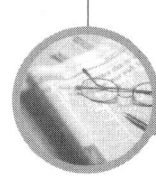

unit 3　기본동사 take의 활용

모범답안

1　We don't take credit cards in this shop.
[받다, 수납하다] 의 의미로 사용되었다. 매우 흔한 표현법이다.

2　I took the purse from her.
[빼앗다] 의 강한 의미는 take 동사이다

3　It won't take long.
역시 아주 자주 사용되는 표현이다. 이 때 take 동사대신 be 동사를 써도 된다.

4　Can (May) I take a job here?
강한 의지를 가지고 얻는다는 의미로는 take 가 적합하다.

5　He took the flashlight in his mouth.
신체의 일부를 이용하여 쥐거나 잡거나 붙들 때 take 와 전치사구를 주로 이용한다.

6　I am going to take an important test next month.
[시험보다]에 가장 흔히 사용되는 표현이 take a test 이며 시험을 치르는 사람들은 test-taker 라고 한다.

7　He took everything from me.
[앗아가다] 의 의미에 가장 적합한 말이 take 이다.

8　What paper do you take?
take 동사 대신 물론 read 동사를 써도 무방하다. 하지만 read 동사는 읽는다는 행위에 초점이 맞추어져 있고 take는 구독의 의미를 포함하고 있다. 여기서 subscribe to 라는 숙어를 쓸 수도 있다.

9　Take your time before answering.
[충분한 시간을 취하다]라는 의미로 자주 사용하는 표현이 take one's time 인데 [천천히 하다] 라고 이해하면 더욱 좋다. 구체적으로 take an hour 라고 하여 [한 시간을 사용하라] 는 표현도 있다.

10 Let the matter take its own course.
상당히 중요한 표현법이다. take one's own course 라는 숙어는 인위적인 힘을 가하지 아니하고 [물 흐르듯 내버려 둔다]는 의미이다. Let the nature take its own course 라는 표현법도 같이 알아두자. [자연스레 내버려 둔다] 라는 의미이다.

11 She took a long time to prepare breakfast.
[주어가 무엇을 하느라고 오랜 시간이 걸리다]라는 의미로 역시 매우 유용한 표현법이다.

unit 4
get 동사의 영작활용

1 얻다, 사다, 획득하다, 벌다, 잡다, 구하다

이러한 의미들로 사용될 때 get 동사는 take 동사와 유사하기도 하지만 다소 다른 점이 있다. take는 적극적인 의지의 개입으로 획득하는 행위를 하는 것에 반해 get은 다소 소극적이거나 우연한 행위의 결과 입수하다 라는 의미가 있기 때문이다.

I took it from her 가 다소 [빼앗다] 의 분위기 인 반면 I got it from her 는 [자연스레 얻었다] 라는 분위기인 것이다. 물론 유사하게 사용되어서 서로 대체할 수 있는 경우도 있다.

- He got a job.
  [그는 직업을 얻었다.]
- He took a job.
  [그는 직업을 구해냈다.]

- He got the first prize.
  [그는 일등상을 탔다.]
- He took the first prize.
  [그는 일등상을 탔다.]

- I will get it.
  [그것을 사겠습니다.]
- I will take it.
  [그것을 사겠습니다.]

- I will get a new house.
  [새 집을 하나 구하겠다.]

- He got a second chance.
  [그는 두 번째 기회를 얻었다.]

2. 전화로 통화가 되다. 연락이 닿다

- Get him on the phone.
  [그를 전화상에서 불러내라.]

3. 가져다주다

- He got me another glass of water.
  [그는 나에게 물을 한 잔 더 가져다주었다.]

4. 이해하다.

- Do you get me?
  [나를 이해하는가? 내말 알아듣습니까?]

- Don't get me wrong.
  [나를 오해하지 마세요.]

5. 목적어 뒤에 부정사를 받아서 [하도록 시키다]

- Get your friend to help you.
  [친구에게 도움을 청해라.]

- We couldn't get her to accept the offer.
  [우리는 그녀가 그 제안을 받아들이도록 만들 수가 없었다.]

6. 목적어 뒤에 과거분사를 받아서 [되도록 시키다, 당하다]

- Please get this typewritten.
  [이것을 타자로 쳐주세요.]

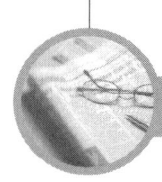

unit 4 get 동사의 영작활용

- I will get it done.
  [그것을 완수하겠습니다.]

- I got my arm broken.
  [나는 팔을 골절 당했다.]

7 목적어 뒤에 형용사를 받아서 [목적어를 어떤 상태로 만들다]

- I got my feet wet.
  [나는 발을 적셨다.]

- I am getting myself ready.
  [준비하고 있는 중입니다.]

8 목적어 뒤에 전치사구 받아서 [목적어를 어떤 위치나 상황으로 옮기다]

- I can't get all these books into the bag.
  [나는 이 모든 책들을 그 가방 안에 담을 수가 없다.]

- Get your car to the garage.
  [너의 차를 차고에 넣어라.]

9 have got 을 써서 [소유하고 있다]

- She has got blue eyes.
  [그녀는 푸른 눈을 가지고 있다.]

- Have you got a newspaper?
  [신문을 가지고 있습니까?]

10. have got 다음에 부정사를 써서 [하지 않으면 안된다]

- I've got to go now.
  [나는 지금 가야 한다.]

- You've got to eat more vegetable.
  [당신은 더 많은 야채를 먹어야 한다.]

11. get 다음에 부정사를 써서 [점차로 하게 되다]

- You will soon get to like it.
  [곧 그것을 좋아하게 될 것입니다.]

- How did you get to know that I was here?
  [내가 여기에 있었던 것을 어떻게 알게 되었는가?]

12. get 뒤에서 here, there, back, 전치사 to + 장소 를 써서 [당도하다]

- I will get back.
  [나는 돌아오겠다.]

- He got to the police station.
  [그는 경찰서에 도착했다.]

13. get 다음에 pp를 써서 수동태의 대용으로

- They all got punished.
  [그들 모두가 벌을 받았다.]

- I got shot at the arm.
  [나는 팔에 총을 맞았다.]

바른영어훈련소

unit 4 get 동사의 영작활용

14 get 뒤에 형용사를 받아서 [어떤 상태가 되다]

- She got sick.
  [그녀는 병이 났다.]

- I am getting old.
  [나는 늙어가고 있다.]

15 그 외 get은 숙어를 많이 가지고 있는 동사라고 다른 기회에 총정리를 할 필요가 있다.

제 2과정 unit 4

 다음을 지시대로 영작하시오.

1. 당신이 그 자전거를 타고서 어둡기 전에 그곳에 당도할 가능성은 없다.
   [be likely to 활용/ on that bicycle/ 12글자로]

2. 나는 짜증이 났다.
   [annoy를 활용/ 3글자로]

3. 당신의 저녁식사를 방으로 가져오게 하겠습니다.
   [sent in/ 7글자로]

4. 나에게 생각이 하나 있다.
   [4글자로]

5. 내 어머니는 나아가고 있는 중이다.
   [5글자로]

6. 죄송하지만 저는 이문을 제대로 닫을 수가 없군요.
   [I am afraid that I can't _____ this door ____ shut properly.]

7. 그에게 휴대전화를 걸어라.
   [6글자로]

8. 나는 자동차를 도난당했다.
   [5글자로]

9. 날이 점점 어두워지고 있었다.
   [4글자로]

10. 당신에게 우편물이 있습니다.
    [4글자로]

unit 4 get 동사의 영작활용

모범답안

1 You are not likely to get there before dark on that bicycle.
[당도하다] 라는 의미일 때는 get there, get here, get to 장소명사

2 I got annoyed.
get pp를 써서 수동의 의미를 전달한다. 다른 예로

> cf. get + p.p
> get interested : 흥미를 갖다
> get embarrassed : 당황하다
> get pleased : 즐겁다
> get disappointed : 실망하다
> get frightened : 놀라다

3 I will get your dinner sent in.
전치사 in 뒤에는 물론 the room 이라는 의미가 생략되어 있다.

4 I got an idea.
이것은 원래 I have got an idea 의 줄어든 형태이다.

5 My mother is getting well.
get 동사가 뒤에서 형용사를 받으면 [어떤 상태로 옮겨가다]의 의미이고 well 이라는 형용사는 [몸의 상태가 좋은 건강한] 이라는 의미이어서 get well은 흔히 [병이 낫거나 안녕한 상태]를 말할 때 자주 사용된다.

6 I can't get this door to shut properly.
물론 이것을 I can't shut this door 라고 표현할 수도 있다. 한국어의 [닫을 수가 없다] 와 [닫아지지 않는다] 라는 뉘앙스의 차이

7 Get him on the cell phone.
[누구에게 전화를 걸다] 라는 의미로 give someone a call 도 자주 사용한다.

8 I got my car stolen.
get 동사가 목적어 뒤에 pp를 받으면 [목적어가 −되는 일을 당하다 내지는 시키다]

9 It is getting dark.
온도나 명암등의 변화를 나타낼 때 get 동사 다음에 온도나 명암을 나타내는 형용사

10 You have got mail.
흔히 [편지나 우편물이 왔다] 라는 표현에 가장 널리 사용된다.

unit 5
기본동사 give의 영작활용

동사 give의 기본 개념은 [주다] 이며 이 때 주는 행위를 하기 위해서는 주는 물건과 주는 대상이 동시에 존재한다는 사실을 기억해야 한다. 물론 그 중 하나는 문맥상 불필요할 때 생략할 수 있으며 순서가 바뀌어 전치사 to를 대상 앞에 붙이고 뒤로 뽑아낼 수 있다.
또 물건만을 주는 것은 아니며 개념이나 과정, 행위등도 제공의 대상이 될 수 있다.

1 주다, 제공하다

- 숙부는 나에게 그의 시계를 주었다.
  [Uncle gave me his watch.]

- 당신의 어머니에게 나의 안부를 전해 주세요.
  [Give my best regards to your mother.]

- 그 나무는 우리에게 좋은 수확을 가져다준다.
  [That tree gives us good fruit.]

- 그것은 나에게 전체 데이터를 검색할 수 있는 권한을 준다.
  [It gives me the authority to scan the whole database.]

- He gave a helping hand to me.
  [그는 나에게 도움의 손길을 주었다.]

- He didn't give an inch.
  [그는 조금도 양보하지 않았다.]

- I gave you my word for that.
  [그 점에 대해 당신에게 약속한다.]

- Will you give me your name and address?
  [당신의 이름과 주소를 알려주세요.]

2 동사를 명사목적어로 바꾸고 give를 써서

- Let's give it a try.
  [한번 해봅시다.]

- Give a pull.
  [당겨보아라.]

- He gave me a cold look.
  [그는 나에게 차가운 눈길을 주었다.]

- I gave it a second thought.
  [나는 그것을 다시 한 번 생각해 보았다.]

- I do not know how to give a speech.
  [나는 어떻게 연설을 해야 할지 모르겠다.]

- Can I give you a ride?
  [태워드릴까요?]

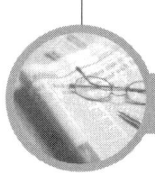

unit 5 기본동사 give의 영작활용

제 2과정 unit 5

영작연습문제 다음을 지시대로 영작하시오.

1. 나에게 설명을 해주세요.
   [4글자로]

2. 그것을 세게 밀어보세요.
   [5글자로]

3. 더 이상 나를 골치 아프게 하지마세요.
   [any more trouble/ 6글자로]

4. 나에게 미소 지어 주세요.
   [4글자로]

5. 그는 내가 나 자신의 삶을 충실하게 살아갈 수 있는 기회를 제공해 주었다.
   [to fully live/ my own life/ 11글자로]

6. 당신의 드레스를 현대적으로 입어보세요.
   [a look/ 6글자로]

7. 그는 그 연구에 자신의 일생을 바쳤다.
   [to the studies/ 7글자로]

8. 나는 그를 진심으로 환영했다.
   [a hearty welcome/ 6글자로]

9. 나를 더 이상 놀라게 하지 마.
   [any more/ surprise/ 6글자로]

한국인을 위한 영작 1단계

모범답안

1 Give me an explanation.
[그것을 나에게 설명해달라] 의 의미로 Explain it to me 라고 할 수도 있다.

2 Give it a hard push.
Push it hard 라고 하면 글자 수가 맞지 않는다. 물론 가능한 표현이다.

3 Don't give me any more trouble.
매우 자주 사용하는 표현이다

4 Give me a smile.
Smile at me 라고 하면 글자 수가 맞지 않는다. 가능한 표현이다.

5 He gave me the opportunity to fully live my own life.
[-할 기회] 라고 말할 때 opportunity to 부정사 구조를 많이 사용하며 live one's life 라는 표현은 소위 동족 목적어적 표현이다. 평상시에는 사용하지 않고 목적어가 수식어를 가질 때에 한하여 사용한다. 즉, live a life 라고 할 필요는 없지만 live a life of your own 이라고 할 때는 뒤에서 수식어가 붙어서 자연스럽다.

6 Give your dress a modern look.
당신의 드레스에게 모던 룩을 주어라.

7 He gave his life to the studies.
give one's life to 매우 유용한 표현이다.

8 I gave him a hearty welcome.
아주 자주 사용하는 표현이다.

9 Don't give me any more surprise.
Don't surprise me any more 라고 해도 말은 되지만 다소 문어적 표현이다.

unit 6

기본동사 have의 영작활용

1 have 동사의 소유개념과 한국어와의 비교

한국어의 예를 살펴보자.

> 서울에는 많은 관광명소가 있다.
> 이집에는 방이 많다.
> 나에게는 아들이 두 명 있다.
> 당신은 오늘 강의가 있느냐?
> 그는 재정적으로 어렵다.
> 마음에 둔 것 있니?
> 나는 그것을 거절할 이유가 없다.
> 나는 내 아들을 볼 권리가 있다.
> 나에게는 작은 꿈이 하나 있어요.
> 이 테이블은 다리가 5개 있다.
> 이 방은 창문이 없다.

위의 한국어를 보면 전부 어떤 것이 존재하다 내지는 존재하지 않다 라는 구도로 짜여져 있다. 그런데 영어의 [있다, 없다] 구조에 많이 쓰는 표현은 there is/ there are/ there was/ there were/ there has been/ there have been 등의 표현 다음에 주어를 사용하고 그 뒤에 소속이나 장소의 의미를 갖는 전치사구를 첨가하는 것이 일반적이다. 하지만 there와 be 동사를 사용하는 방법보다 좀 더 영어적인 구성은 주어와 have 동사를 사용하는 것이다. 이제 위의 한국어를 영작해보자.

> Seoul has many tourist attractions.
> There are many tourist attractions in Seoul.

이 두 가지 표현은 문법적 하자 없이 받아들여 질 수 있지만 첫 번째 표현이 조금 더 영미인의 구미에 맞는 방법이다. 즉, **there be** 구조를 남발하지 말고 주어와 **have**를 사용하는 능동적 표현을 권장한다.

이어서 계속 영작해보자.

>This house has many rooms.
>I have two sons.
>Do you have any lecture today?
>He has financial problems.
>Do you have anything in mind?
>I have no reason to decline.
>I have a right to see my son.
>I have a little dream.
>This table has 5 legs.
>This room has no windows.

위의 영작들은 간결하면서도 의미를 정확하게 전달하고 있으며 소유의 주체가 누구인지도 명백히 밝히고 있다. 물론 There is no reason to cry 와 같은 문장도 [울 이유가 없다]의 의미가 되어 사용되는데 차이점은 소유의 주체를 명백히 밝히지 않고 있다라는 점이다. I have no reason to cry 라고 할 경우는 당사자가 [나라는 것이 밝혀지고 있다.

소유의 주체는 반드시 사람이 되는 것이 아니라 영작에서 보듯이 사물이나 상황도 될 수 있다. 즉 [이 상황에서는 해결책이 없다]를 There is no way-out in this situation 이라고 할 수도 있지만 This situation has no way-out. 이라고 할 수도 있다.

2 have 동사의 폭 넓은 응용

소유의 일반적 개념에서 벗어나 have는 어떠한 상황이나 사건등을 겪는 의미로도 활용된다. 그 대표적 예를 들어보자.

>어제 비가 많이 왔습니다.
>나는 자동차 사고가 났습니다.
>나는 수술을 했습니다.
>나는 끔찍한 꿈을 꾸었습니다.
>당신은 부작용을 겪을 수도 있습니다.

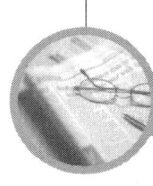

바른영어훈련소
unit 6 기본동사 have의 영작활용

우리는 정말 재미있게 보냈습니다.

위의 예문에서 목적어에 해당되는 말들은 실제 소유물의 개념이 아니라 상황이나 사건들을 의미한다. 모범영작을 살펴보자.

We had a hard rain yesterday.
I had a car accident.
I had an operation.
I had a nightmare.
You may have side effects.
We had a good time.

3 먹다, 마시다

- He is having breakfast.
  [그는 아침을 먹고 있는 중이다.]

- What did you have for supper?
  [당신은 저녁으로 무엇을 먹었는가?]

4

have 는 목적어를 받고 그 뒤에 동사의 원형을 다시 받아서 [목적어가 어떤 행위를 하도록 시키다, 허용하다, 당하다] 라는 의미로 사용될 수 있다.

- I will have him check the metal detector.
  [나는 그에게 그 금속탐지기를 점검하게 할 것이다.]

- I had him come.
  [나는 그를 오게 했다.]

- I won't have you say such things.
  [네가 그런 말을 하도록 내버려 두지 않겠다.]

- I don't like to have someone else tell me to do this or that.
  [나는 다른 사람들이 나에게 이거해라 저거해라 하는 일을 당하고 싶지 않다.]

5 have는 목적어를 받고 그 뒤에 pp분사를 받아서 [목적어가 어떤 행위를 당하도록 시키다, 허용하다, 원치 않고 겪다] 의 의미로 사용될 수 있다.

- I want to have my composition corrected by my teacher.
  [선생님에게 작문을 교정받고 싶다.]

- He had his ankle dislocated.
  [그는 발목이 삐었다.]

- They had a chart spread on the table.
  [그들은 탁자위에 그 도표를 펼쳐두었다.]

6 have는 다른 동사를 목적어로 사용해서 그 동사의 의미를 전달할 수 있다.

- I had a look at the map.
  [나는 그 지도를 보았다.]

- I had a swim.
  [나는 수영을 했다.]

7 have는 뒤에 부정사를 받아서 [-해야 한다] 의 의미로 사용할 수 있다.

- I always have to work hard.
  [나는 항상 열심히 일을 해야 한다.]

- You have only to see him enjoy his bath to realize that he has a real passion for cleanliness.
  [당신은 그가 목욕을 즐기는 것만 보아도 그가 청결함을 매우 중시하는 것을 알아차릴 수 있다.]

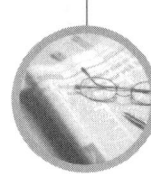

바른영어훈련소

unit 6 기본동사 have의 영작활용

> have는 뒤에서 pp를 받아서 과거의 행위가 현재까지 연루되어 있다는 것을 암시할 수 있다.

- He has waited for me.
  [그는 나를 지금까지 기다렸다.]

- I have been there.
  [나는 그곳에 가 본적이 있다.]

제 2과정 unit 6

영작연습문제 다음을 지시대로 영작하시오.

1. 그는 내 숙제를 도와주느라 애를 먹었다.
   [a hard time/ help A with B 활용/ 10글자로]

2. 나는 무엇인가 나쁜 일이 생길 것 같은 느낌이 든다.
   [that/ be going to 활용/ a/ 11글자로]

3. 내 차에는 방향안내장치가 있다.
   [6글자로]

4. 나는 그 사진관에서 가족사진을 찍었다.
   [taken/ 10글자로]

5. 당신 수중에 돈 좀 있습니까?
   [7글자로]

6. 나는 모자가 바람에 날아갔다.
   [blown off/ 6글자로]

7. 마지막으로 머리를 자른 것이 언제이냐?
   [last/ 8글자로]

8. 나는 그 카센터에서 차를 고칠 것이다.
   [at/ 9글자로]

9. 당신은 가끔 두통이 나십니까?
   [6글자로]

10. 그들에게 계단을 이용하도록 시키세요.
    [the/ 5글자로]

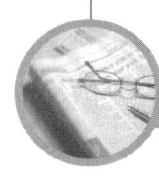

unit 6 기본동사 have의 영작활용

모범답안

1 He had a hard time helping me with my homework.
have a hard time – ing 라는 숙어를 활용하였다.

2 I have a feeling that something bad is going to happen.
feeling 과 that 절은 동격관계이다.

3 My car has a navigation system.
자동차가 소유의 주체가 된다.

4 I had my family photo taken at the photo shop.
내가 찍는 주체가 아닌 한은 have + 목적어 + pp

5 Do you have any money with you?
[수중에 가지다, 몸에 지니다] 의 의미로 소유를 말할 때는 반드시 뒤에 with you와 유사한 표현들을 써주어야 한다.

6 I had my hat blown off.
by the wind 를 하지 않아도 바람에 의한 행위라는 것을 이해한다.

7 When did you have last your hair cut?
역시 스스로 머리를 자르지 않는 한은 have + 목적어 + pp

8 I will have my car fixed at the garage.
역시 스스로 차를 고치지 않는 한은 have + 목적어 + pp

9 Do you often have a headache?
두통 등 병을 겪는 것에는 주로 have 동사를 사용한다.

10 Have them use the stairway.
시키다 의 용법으로 목적어 뒤에 동사의 원형을 사용한다.

한국인을 위한 영작 1단계

제 3 과정

전치사, 분사, 관계사절의 수식적 활용

unit 1
전치사의 영작활용

각 전치사의 고유한 개념과 용법은 졸서 Understanding and Using Fundamentals of English Grammar에서 자세히 언급하였으므로 여기서는 60여개에 달하는 각 전치사의 기본 개념에 대한 설명은 접기로 하고, 그 중 주요 전치사의 영작활용에 대해 다루어 보기로 하자.

전치사는 원칙적으로 혼자 사용되는 말이 아니라 반드시 그 뒤에 짝을 이루는 말이 있어야 하고 이것을 문법적으로는 전치사의 목적어라고 한다. 이렇게 이루어진 모습을 전치사구라고 지칭하기로 한다. 이 전치사구는 크게 3가지 역할을 하게 된다.

역할 1 동사 뒤에 붙어서 동사와 전치사의 목적어와 관계를 설명한다.

He smiles me - He <u>smiles at me</u>.
[그는 나를 미소짓는다 – 그는 나에게 미소짓는다]
I want to live you - I want to <u>live for you</u>, I want to <u>live with you</u>.....
[나는 당신을 살고 싶다 – 나는 당신을 위해 살고 싶다, 나는 당신과 살고 싶다]

역할 2 명사 뒤에 붙어서 앞의 명사를 수식한다.

<u>Men in black</u> chase after illegal aliens.
[검은 옷의 사내들이 불법적 외계인들을 추적하고 있다.]
This is <u>the moment of my life</u>.
[지금이 내 인생의 최고 순간이다.]

역할 3 문장내의 적절한 위치에서 장소, 시기, 부대상황, 방법 등의 서술적 기능을 대신 수행한다.

<u>In the house</u>, you can live <u>in comfort</u>.
[그 집에서, 당신은 안락하게 살 수 있다.]
Did you have a girl friend <u>in school days</u>?
[학창시절에 당신은 여자 친구가 있었는가?]

With the word, he disappeared.
[그 말과 함께 그는 사라졌다.]

여기서는 한국말을 영어로 옮기는 데 있어서 불필요한 영작부위를 제거하고 전치사와 그 짝으로 간단하게 대체되는 방법에 대해 주로 알아봄으로써 군더더기 없는 영작문완성을 연습해 보기로 한다.

1 전치사와 짝으로 충분한 의미가 있을 때는 불필요한 한국어부분을 과감히 버려라.

- 나는 무대에서 공연할 때 관객들의 얼굴을 보지 않는다.
  [I don't see the faces of the audience when I perform on the stage.]
  이 영작에서는 만약 주어인 [I] 가 배우라는 것을 이미 상정하고 있다면 when I perform 이란 표현은 중복적 의미를 가진다. 따라서 그 부분을 빼고 바로 on the stage를 붙여서 간결하게 만든다.

- 서울에 있는 남산 타워는 유명한 관광명소들 중의 하나이다.
  [The Tower of Namsan which is in Seoul is one of the famous tour sites.]
  이 영작에서도 관계사절 which is 의 의미는 중복적 표현이다. 따라서 바로 in Seoul을 붙인다.

- tv에서 그 뉴스를 보고 나는 기뻤다.
  [I was delighted when I saw the news on tv.]
  이 경우에도 간결하게 [I was delighted at the news on tv.] 로 표현할 수 있다.

- 그녀는 청바지를 입고 있는 그 사람에게 말을 걸었다.
  [She talked to the man who was wearing blue jeans.]
  이 경우에도 관계사절로 가면 장황하므로 the man in blue jeans 가 간결하다. 특히 옷을 입고 있는 상태를 표현할 때는 전치사 in 과 색깔, 옷의 종류 등을 바로 붙여서 만든다.

다음 두 영작을 비교하면서 간결한 표현을 찾아보자.

- 그 원피스를 입고 있는 당신은 정말 아름다워 보인다.
  [You look really beautiful in the dress.]

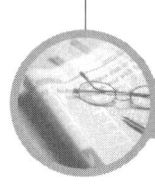

unit 1 전치사의 영작활용

[You look really beautiful when you wear the dress.]
in the dress 라고만 하여도 [입고 있다]라는 의미는 전달되었다.

- 그는 손에 들고 있는 총을 내려놓았다.
[He put down the gun in his hand.]
[He put down the gun which he held in his hand.]
the gun in his hand 라고만 하여도 [들고 있는] 이라는 의미는 전달되었다.

물론 두 표현들은 문법적으로는 하자가 없다. 하지만 예측하지 못하는 특정한 동작이나 상태를 나타내려는 의도가 없는 이상 관계사절이나 그 밖의 부사절등은 전치사구로만 간단히 대체한다.

다시 살펴보자

- 나는 빗속에서 걷고 있었다.
[I was walking in the rain.]
여기서는 비를 맞고 있는지 아닌지는 정확히 알 수 없다.

- 나는 비를 맞으며 걷고 있었다.
[I was walking in the rain without an umbrella.]
여기서는 전치사구 without an umbrella 가 있어서 비를 맞는다는 의미가 대체되었다.

- 그 개는 빗속에서 뛰어 다니고 있었다.
[The dog was running about in the rain.]
이 경우는 개가 우산을 쓰거나 비옷을 입는 다는 것이 불가능한 일이므로 in the rain 만으로도 [비를 맞으며]의 의미를 충분히 전달했다. 따라서 without an umbrella 라는 또 다른 전치사구는 필요가 없다.

- 그는 나와 함께 있어서 불행하다.
[He was unhappy with me.]
[He was unhappy when he was with me.]
[He was unhappy because he was with me.]
여기서는 [함께 있어서] 의 의미를 with me 만으로도 충분히 전달하였다.

- 수능시험이 끝나면 나는 제주도로 여행을 갈 것이다.
  [I am going to take a trip to Jeju island after the SAT.]
  [I am going to take a trip to Jeju island after the SAT is over.]
  굳이 after을 접속사로 써서 절을 달지 않고 전치사로 사용해도 의미전달은 이루어진다. 다만 the SAT 가 무엇인지를 모를 경우는 is over 를 달아서 그것이 시기적으로 이루어지는 행사라는 것을 밝힐 필요가 있다.

- 그는 포우커 게임을 하러 우리 집에 온다.
  [He comes to my house for a poker game.]
  [He comes to my house to play a poker game.]
  두 번째 문장도 가능하다. 하지만 지금은 전치사의 활용을 배우고 있다.

- 그는 맥주 한 잔을 더 마시려고 주문을 했다.
  [He gave an order for another beer.]
  [He gave an order to drink another glass of beer.]
  어차피 맥주는 마시기 위해 주문을 넣는다고 본다면 굳이 부정사를 써서 장황하게 갈 필요가 없다.

- 나는 남편의 허락을 받고 고향을 방문했다.
  [I paid a visit to my hometown after I got my husband's permission.]
  [I visited my hometown with my husband's permission.]
  굳이 허락을 [획득하다] 라는 의미의 동사를 사용하지 않고 [허락과 함께] 라고 표현하면 간결하다.

- 이 술집은 너와 같은 십대가 올 데가 아니다.
  [This bar is not the place where a teenager like you can come.]
  [This is not the bar for teens like you.]
  역시 전치사구 두 개로 표현하는 것이 훨씬 명백하고 간결하다.

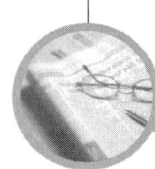

unit 1 전치사의 영작활용

- 햄버거를 하나 먹으려고 버거킹에 들렀다.
  [I dropped by a Burger King to eat a hamburger.]
  [I dropped by a Burger King for a hamburger.]
  어차피 버거킹의 존재가 알려진 마당에 [먹기 위하여]를 사용하는 것은 불필요하다.

- 협조해 주셔서 감사합니다.
  [Thank you for your cooperation.]
  [Thank you because you have made a cooperation.]
  두 번째 표현은 매우 작위적이다.

- 그는 나이에 비해 정력적이다.
  [He is very energetic for his age.]
  [He is very energetic when he is compared with another man his age.]
  두 번째 표현은 장황하기 그지없다.

- 나는 그의 얼굴을 보고 놀랐다.
  [I got surprised when I saw his face.]
  [I got surprised at his face.]
  전치사 at 자체에는 [눈으로 본다] 라는 의미로 자주 사용되며 특히 앞에 감정변화동사가 왔을 경우에는 바로 at를 붙여서 표현한다.

2 명사 바로 뒤에 주요 전치사를 붙여서 수식어 만들기

- 방문의 목적 : the purpose of your visit
- 애정의 조건 : the condition of love
- 비행기의 이륙 : the takeoff of the plane
- 시험의 결과 : the result of the test

- 심미안 : an eye for beauty
- 런던행 기차 : the train for London
- 자식을 위한 희생 : sacrifice for children

- 소년용 잡지 : a magazine for boys
- 5인용 테이블 : a table for five

- 내 방 열쇠 : a key to my room
- 그 문제의 해답 : the answer to the question
- 십대 일 : ten to one

- 꼬리 있는 동물 : an animal with a tail
- 깃털 달린 모자 : a hat with a feather
- 푸른 눈동자의 소녀 : a girl with blue eyes
- 코가 붉은 사슴 : a reindeer with a red nose

- 손에 낀 반지 : a ring on one's finger
- 할인판매중인 청바지 : jeans on sale
- 요청때 방영되는 동영상 : video on demand
- 산 정상의 눈 : snow on top of the mountain.

- 역사상 가장 추운 날 : the coldest day in history
- 빨간 옷을 입은 여자 : a woman in red
- 사막속의 도시 : a city in the desert
- 사용중인 기계 : a machine in use

그 외에 나머지 전치사들의 특성을 고려하여 명사 뒤에 붙었을 때 가장 일반적으로 해석되는 기본 개념들을 잘 숙지해 두자.

unit 1 전치사의 영작활용

제 3과정 unit 1

영작연습문제 다음을 지시대로 영작하시오.

1. 이번 크리스마스를 보내러 고향집에 가십니까?
   [the/ 7글자로]

2. 지연되어서 죄송합니다.
   [we/ the/ 6글자로]

3. 정장차림의 저 남자는 누구냐?
   [a suit/ 7글자로]

4. 이 마을에 살고 있는 모든 거주민은 그 계획에 반대한다.
   [be opposed to 활용/ dwellers/ 11글자로]

5. 그 개는 나를 보고 짖었다.
   [bark 활용/ 5글자로]

6. 그 이야기를 4부분으로 나누어라.
   [divide/ 6글자로]

7. 나는 내 배를 물로 채웠다.
   [stomach/ 6글자로]

8. 체중감소를 위해 무엇을 할 것인가에 관한 에세이를 써라.
   [write/ an/ what to do/ weight-loss/ 10글자로]

9. 나는 이상이 없습니다. 정상입니다.
   [there is/ me/ 6글자로]

10. 나는 좀 더 상세한 정보를 알아보기 위해 그 리조트의 홈페이지를 방문했다.
    [detailed/ the/ the/ the/ 11글자로]

한국인을 위한 영작 1단계

모범답안

1 Will you go home for the Christmas?
굳이 [휴가를 보내기 위해] 라는 동사부를 집어넣지 않아도 전치사 for 로 의미는 전달된다고 본다.

2 We are sorry for the delay.
항공사에서 흔히 사용하는 표현법이다.

3 Who is the man in a suit?
전치사 in 다음에 옷의 종류나 색깔을 흔히 사용한다.

4 All the dwellers in this village are opposed to the plan.
굳이 living in this village 라고 하지 않아도 dwellers 라는 말 속에 산다는 의미가 내포되어 있다고 본다.

5 The dog barked at me.
전치사 at 에는 자체에 [겨냥하다 혹은 쳐다보다] 라는 의미가 있다.

6 Divide the story into four parts.
divide A into B 라는 숙어 구조를 이용하였는데 이 때 into는 결과를 의미하는 전치사이다.

7 I filled my stomach with water.
전치사 with 는 사용되는 수단이나 도구의 의미로 by 와 함께 많은 숙어를 이루고 있다.

8 Write an essay on what to do for weight-loss.
전치사 on 에는 [-관한] 이라는 의미가 있다. 전치사의 목적어로 의문사 + 부정사를 받았고 다시 [-을 위한] 이라는 개념이므로 전치사 for를 받았다.

9 There is nothing wrong with me.
It is alright with me. 또는 I am fine, I am okay 등도 사용되는 말이다.

10 I visited the homepage of the resort for the detailed information.
그 리조트의 홈페이지 : the homepage of the resort

unit 2
분사구의 수식어 활용

분사의 활용은 영작에 있어서 역시 매우 유용하지만 문법자체의 범위가 매우 방대하므로 문법적 지식은 문법서에서 심도있게 다루고 여기서는 주로 분사구의 수식어 활용에 대해서만 공부해보자. 분사나 분사구는 명사의 앞 또는 뒤에서 명사의 의미를 한정한다. 분사는 ing 형태와 pp의 두 가지가 있는데 동사가 자동사와 타동사가 나누어지므로 결국 4가지의 해석법이 존재한다.

분사의 위치와 해석법

(1) 자동사 한단어 + ing : 명사의 앞에 붙어서 [-하고 있는] 이라는 행위의 진행
(2) 자동사 한단어 + pp : 명사의 앞에 붙어서 [이미 -한] 이라는 완료의 의미
(3) 타동사 한단어 + ing : 명사의 앞에 붙어서 [남들을 -하게 하는] 이라는 능동의 의미
(4) 타동사 한단어 + pp : 명사의 앞에 붙어서 [-당한] 이라는 수동의 의미
(5) 한단어 이상의 분사구 : 명사의 뒤에 붙어서 위의 4가지 해석법을 수행
(6) 대명사는 한 단어 이던 여러 단어 이던 분사는 뒤에 붙는다.
(7) 이미 숙어화 된 복합분사는 두 단어라도 명사 앞에 올 수 있다.
(8) 명사 끝에 ed를 붙여서 유사분사 혹은 의사분사를 만들 수 있다.
(9) 분사의 위치에 따라 의미가 달라지는 경우도 있다.

영작을 통해 위의 규칙들을 활용해 보자.

- 춤을 추고 있는 그 소녀는 내 사촌이고 이름은 다이애너 이다.
  [The <u>dancing girl</u> is my cousin, whose name is Diana.]

- 시골에서 살고 있는 사람들은 상대적으로 검소하다.
  [<u>People living in the country</u> are comparatively simple.]

- 부상당한 병사들은 물을 요청했다.
  [The <u>wounded soldiers</u> asked for water.]

- 지난달 주문했던 상품들은 오늘 배달될 것이다.
  [The goods ordered last month will be delivered today.]
- 초대된 그 들 중에서 단지 소수만이 그 파티에 왔다.
  [Of those invited, only a few came to the party.]

- 나는 매우 손상당한 차 한 대를 보았다.
  [I saw a very damaged car.]

- 이것은 시간이 걸리는 과정이다.
  [This is a time consuming process.]

- 이것은 돈을 절약하는 방법이다.
  [This is a money saving method.]

- 나는 성품고운 여인과 결혼하고 싶다.
  [I want to marry a good-natured woman.]

- 그 걱정스런 사람들은 밤새 깨어 있었다.
  [The concerned people stayed awake all night.]

- 우리는 관계자들을 소집해야 한다.
  [We have to summon the people concerned.]

unit 2 분사구의 수식어 활용

제 3과정 unit 2

영작연습문제 다음을 지시대로 영작하시오.

1. 나는 결국 취소된 경기를 기다린 셈이었다.
   [과거완료/ a/ 9글자로]

2. 현관에 서 계신 분은 나의 아버지이다.
   [porch/ 9글자로]

3. 그 지루한 연설은 나를 잠들게 했다.
   [6글자로]

4. 헷갈리는 명령들이 그 병사들을 당황하게 했다.
   [the/ the/ 7글자로]

5. 그 평결에 놀란 변호인은 말을 잃고 당황했다.
   [be at a loss/ what/ at/ verdict/ advocate/ 13글자로]

6. 나는 요리가 덜 된 스테이크를 좋아하지 않는다.
   [I don't like a stake/ 7글자로]

7. 건강해 보이는 소년, 소녀들이 초원에서 뛰어다니고 있었다.
   [on the/ run about 활용/ 11글자로]

8. 우리는 10대들에게 잘 알려진 인사들을 데려와야 한다.
   [celebrities/ 9글자로]

9. 달에서 바라본 지구는 정말 아름다웠다.
   [9글자로]

10. 최근에 우주과학에서 놀랄만한 진보가 있었다.
    [recently/ 현재완료시제/ 9글자로]

한국인을 위한 영작 1단계

모범답안

1 I had waited for a canceled game after all.
취소된 경기 – canceled game , 결국 – after all

2 The man standing on the porch is my father.
standing 이하가 분사구로 앞의 명사를 수식하고 있다.

3 The boring speech made me sleep.
sleepy를 쓸 경우는 졸리게 했다지만 sleep를 쓰면 실제로 잠이 들었다는 의미

4 The confusing commands made the soldiers confused.
앞의 confusing은 commands를 꾸미면서 사람들을 혼동시키는 입장이니까 ing 분사를 써야 하고 뒤의 confused는 목적어를 설명해주는 목적보어인데 병사들의 입장에서 보면 혼동된것이다. 따라서 pp분사.

5 The advocate astonished at the verdict was at a loss what to say.
평결에 놀란 이란 부분이 앞의 변호사를 수식하고 있다. 놀란 이란 의미에는 다양한 단어들이 사용될 수 있지만 변호사의 입장에서는 남을 놀라게 하는 것이 아니라 자기가 놀람을 당한 꼴이므로 pp 분사가 와야 한다. 감정변화의 원인에 주로 사용되는 전치사는 at.

6 I don't like a stake rarely cooked.
뒤에서 rarely cooked가 수식할 때는 요리가 덜 된의 의미이지만 앞에서 꾸며서 rarely cooked stake 가 되면 특이하게 요리된 이라는 의미가 될 수 있다.

7 Healthy looking boys and girls were running about on the meadow.
건강해 보이는 이라는 의미에 복합분사 healthy – looking을 썼다. 하이픈을 생략할 수도 있다.

8 We must bring the celebrities well known to teenagers.
well known 이하가 앞의 celebrities를 꾸미고 있다.

9 The Earth seen from the moon was quite beautiful.
seen 이하가 앞의 the Earth를 꾸미고 있다.

10 Recently, there has been astonishing progress in space science.
놀랄만한 이라는 의미로는 놀라게하다 라는 동사들에 ing를 붙여서 분사를 만든다.

unit 3
분사구문의 영작활용

분사구문은 접속사를 포함하는 부사절을 대용하므로 매우 광범위한 해석으로 영작에 활용된다. 영작을 통해서 분사구문을 활용해보자.

- 그 강에 도착했을 때 우리는 텐트를 쳤다.
  [Reaching the river, we put up a tent.]

- 슬픔에 압도되어서 그녀는 말을 할 수가 없었다.
  [Overcome with grief, she was unable to speak.]

- 나를 도와 줄 사람이 없었기 때문에 나는 그것을 혼자 힘으로 했다.
  [There being no one to help me, I did it all by myself.]

- 날씨가 허락한다면 나는 내일 출발하겠다.
  [Weather permitting, I will start tomorrow.]

- 그 중금속은 몸속에서 축적되면 많은 문제를 일으킬 것이다.
  [The heavy metal, accumulated in the body, causes a lot of problems.]

- 그 진술이 사실일지라도 유죄의 충분한 증거는 되지 못한다.
  [Admitting the statement is true, it is not enough evidence to prove guilty.]

- 그는 문을 쾅 닫고 그의 방으로 들어갔다.
  [He went into his room, slamming the door closed.]

- 매우 아팠기 때문에 그는 방에만 갇혀 있었다.
  [Being very sick, he was confined to his room.]

- 라틴어로 쓰여져 있었기 때문에 그 책은 읽을 수가 없었다.
  [Written in Lain, the book was impossible to read.]

- 여권을 잃어버리고 난 후 나는 한국대사관을 찾기 시작했다.
  [Having lost my passport, I began to look for the Korean Embassy.]

- 그 나라에 가 본 적이 없었기 때문에 나는 모든 것을 신기하다고 파악했다.
  [Never having been to the country, I found everything so different.]

> **분사구문을 영작에 활용할 때**
>
> 주어끼리 일치하는지
> 시제가 동일한 지
> 수동분사구문인지 능동 또는 진행분사구문인지
> 일반인 주어가 생략되는 무인칭 독립분사구문인지
> there -ing 구조인지
> 부정어가 분사의 앞에 오는지를 점검하면서 자유자재로 많이 만들어 보아야 한다.
>
> **분사구문의 해석범위는**
>
> - 할 때
> - 하면서
> - 하는 동안
> - 하고 난 후
> - 하기 때문에
> - 한다 해도
> - 한다면

정도가 되는 데 정확하게 구분하기 보다는 문맥 내에서 그 사용의도를 파악하는 것이 중요하다.

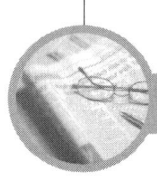

바른영어훈련소
unit 3 분사구문의 영작활용

제 3과정 unit 3

영작연습문제 다음을 지시대로 영작하시오.

1. 우리가 극단적으로 두려워지거나 화가 날 때, 우리의 심장박동은 속도를 올리고, 우리의 맥박은 빨리 뛰며, 그리고 우리의 호흡속도는 증가하는 경향이 있다.
[fearful/ angry/ heartbeat/ speed up활용/ race 활용/ breathing rate/   21글자로]

2. 혈류속의 당분과 조직속의 지방들을 더 빠른 속도로 태우면서 몸의 신진대사가 가속되는 것이다.
[The body's/ metabolism/ sugar/ fats/ burn up 활용/ accelerate활용/ a/ the/ the/ 19글자로 분사구문이용해서]

3. 땀이 흐르는 이마와 축축한 손 그리고 오한을 만들어 내면서 땀샘들이 과민반응을 할 지도 모른다.
[dripping forehead/ clammy hands/ cold sweat/ the sweat glands/ produce 활용/ 14글자로 분사구문이용해서]

4. 또한, 공포와 분노의 특성인 커진 눈을 가진 표정을 만들어 내면서 동공들이 확대될 수도 있다.
[enlarge/ be characteristic of/ both A and B 활용/ look/ wide/ eye 활용/ the/ the/ also/ 관계사절과 분사구문을 사용해서 18글자로]

5. 나는 음악을 들으면서 차 한 잔을 마셨다.
[9글자로]

6. 그의 옷차림새와 말투로 판단컨대, 그는 중동의 한 나라 출신임에 틀림없다.
[attire/ accent/ come from/ judge from 활용/ 17글자로]

한국인을 위한 영작 1단계

모범답안

1 When we are(feel, become) extremely(very..) fearful or angry, our heartbeat speeds up, our pulse races, and our breathing rate tends to increase.
speed up 과 race는 accelerate 혹은 increase 와 같은 의미로 사용되었다. 영어에서는 동일한 단어를 반복하는 것을 매우 꺼리는 경향이 있으므로 같은 의미로 사용될 수 있는 다양한 동사들을 선보인 것이다.

2 The body's metabolism accelerates, burning up sugar in the bloodstream and fat in the tissues at a faster rate.
sugar와 fat은 각각 물질명사로 사용되어졌고 bloodstream은 불가산 tissues는 가산 명사로 취급하였으며 at a rate 이라는 표현은 [–한 속도로] 라는 의미로 자주 사용되는 말이다. burn up 태워 없앤다라는 의미인데 분사구문으로 활용하였다.

3 The sweat glands may overreact, producing a dripping forehead, clammy hands and cold sweat.
drip은 물 같은 물질이 뚝뚝 떨어지다 혹은 흘러내리다 라는 의미의 동사인데 수식분사로 사용되어져서 명사 forehead을 꾸미고 있으며 이마는 단수 손은 복수로 받았고 땀은 물질명사로 부정관사가 붙지 않는다.

4 Also, the pupils may enlarge, producing the wide-eyed look which is characteristic of both horror and anger.
유사분사를 사용하였고 관계사절을 사용하였으며 분사구문을 역시 사용하였다.

5 I had a cup of tea, listening to music.
부대상황의 가장 손쉬운 분사구문이다.

6 Judging from the attire and the accent, he must come from a country in the Middle East.
판단의 주체와 주절의 주어가 서로 다르지만 판단의 주체가 일반인들을 포괄할 수 있으면 주어를 따로 사용하지 않는다.

unit 4
관계사절의 수식어 활용

관계사절은 가장 대표적인 긴 수식어의 표현법이다. 한국말에서 본다면 긴 절을 사용하여 특정한 명사를 꾸미는 구조이다. 우선 이해를 돕기 위해 한국말에서 절이 명사를 꾸미는 현상부터 살펴보자.

- <u>요 전 날 당신이 나에게 주었던</u> 선물은 너무 비싼 것이었어요.

- <u>그 회사에서 요구하는</u> 자격은 무엇이지요?

- <u>사막에서 사는</u> 동물들은 물 부족에 대처하는 적응력들을 가지고 있다.

- <u>우리가 태어난</u> 집

- <u>우리가 나누었던</u> 순간들

이상의 표현들은 전부 절이 명사를 꾸미고 있는 구조이다. 바로 영어에서 이런 수식절들을 관계사절이라고 부르고 우리와 거의 같은 방식으로 만든다. 단 한국어에서는 절이 명사의 앞에 와서 수식을 하지만 영어에서는 명사의 뒤에 온다는 것을 잘 활용해야 한다. 또 관계사는 인칭 대명사를 잘 꾸미지 않지만 those who 의 대용으로 he who, one who 등은 사용하고 I who 나 you who 등은 매우 드물게 사용된다. 인칭대명사의 목적격에는 관계사절을 거의 붙이지 않는다. 따라서 him who, her who, me who, you who, us who 등은 피해야 한다.

이제 위의 한국어들을 영어로 옮겨보자.

- The present <u>that you gave to me the other day</u> was too costly.

- What are the qualifications <u>that the company ask for</u>?

- Animals <u>that live in the desert</u> have adaptations to cope with the lack of water.

- the house <u>where we were born</u>

- the moments <u>that we have shared</u>

이렇게 수식절을 빠르게 만들어 내는 능력은 부드럽고 풍부한 영작문들을 만드는데 꼭 필요하다. 관계사절을 자유자재로 만들지 못하면 결국 절에 의한 수식을 포기하는 꼴이 되어 영작은 토막글들로 구성되기 십상이다. 관계사절의 기본 구성이나 종류 및 제조법은 문법강좌에서 자세히 배우기로 하고 여기서는 기본관계사를 이용하는 법에 치중한다.

1 주어가 동사하는 명사

가장 많은 수식절의 뼈대이다. 영어로는 명사를 제일 앞에 두고 뒤에서 주어와 동사를 차례대로 써준다. 명사 뒤에 관계사는 일단 who, which, that, where, when, why 등인데 관계사를 생략하고도 성립될 수 있으므로 영작을 할 때는 문법에 너무 치중하지 말고 일단 관계사 없이 바로 주어 동사를 나열하는 훈련을 한다.
명사 앞에 붙는 정관사는 부정관사를 편의상 생략하고 관계사절 위주로 영작해보자.

- 내가 좋아하는 여자
  woman I like

- 그 남자가 운영하는 식당
  cafe the man runs

- 성직자들이 쓴 책
  book the priests wrote

- 선생님이 나에게 주었던 연필
  pencil my teacher has given to me

- 그가 살고 있는 집
  house he lives (in)

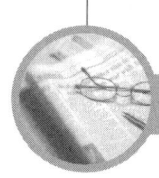

unit 4 관계사절의 수식어 활용

2 주어가 동사하는 명사

이것은 따로 주어를 갖지 않고 관계사주격을 써주는 데 왜냐하면 수식받는 명사가 관계사절 내에서의 행위의 주체도 되기 때문이다. 명사를 일단 앞에 쓰고 뒤에 who, which, that 중 하나를 반드시 사용한 후 동사를 다시 뒤에 쓴다.

- 당신에게 그 동아리들에 대해 더 많은 것을 말해주는 정보
  information that tells you more about the groups

- 우리에게 많은 혜택을 주는 제도
  system which gives us many benefits

- 나를 만족시키는 남자
  man who can satisfy me

- 소리보다 빨리 갈 수 있는 비행기
  aircraft which can travel faster than sound

3 소유격 관계사의 영작 활용

한국어로 옮기는 과정과 영어로 사고하는 과정에서 적합한 번역기능이 없는 구조이니까 꾸미는 말의 소유물이 관계사절에서 다시 주어나 목적어의 관계에 있는지를 잘 살펴서 작문하여야 한다.

- 지붕이 빨간 그 건물은 조그만 화랑이다.
  [The building whose roof is red is a small gallery.]

- 내가 가끔씩 차를 빌리는 내 친구는 갑부이다.
  [A friend of mine whose car I often borrow is a millionaire.]

- 제목이 'contact' 인 DVD를 여기서 살 수 있나요?
  [Can I buy a DVD whose title is contact?]

소유격 관계사는 사실 간단하게 전치사구로 처리할 수 있는 경우가 많다.

- The building with a red roof is a small gallery.

- Can I buy a DVD with the title of contact?

2 관계사절을 생략한 영작

관계사절이 진행구조이거나 수동구조가 걸려있고 관계사주격이 사용되면 필연적으로 주격관계사 다음에 be 동사가 나오게 되는데 이 경우 주격관계사와 be 동사를 모두 없애서 분사후치수식구로 전환하는 영작도 가능하다. 때로는 관계사주격 다음에 be 동사와 함께 형용사구가 올 때도 주격 관계사와 be 동사가 생략되고 형용사구만 남아서 앞의 명사를 꾸며 줄 수 있다.

- 그는 <u>많은 외국어를 구사할 줄 아는</u> 사람들을 고용할 것이다.
  [He is going to hire the persons who are able to speak many foreign languages.]
  [He is going to hire the persons able to speak many foreign languages.]

- <u>피아노를 치고 있는</u> 저 여자를 쳐다보아라.
  [Look at the woman who is playing the piano.]
  [Look at the woman playing the piano]

- <u>소나무에 의해 둘러 싸여진</u> 그 집은 높은 담을 가지고 있다.
  [The house which is surrounded by pine trees has high walls.]
  [The house surrounded by pine trees has high walls.]

5 what 절을 응용하는 방법

특정명사를 거론하지 않은 상태로 [것] 의 개념을 가진 명사절에 what 을 사용한다.
what 다음에 바로 동사가 오는 경우와 what 다음에 주어 동사가 오는 두 가지 경우의 영작을 살펴보자.

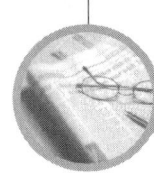

unit 4 관계사절의 수식어 활용

- 내가 가지고 싶은 것은 바로 너의 마음이다.
  [The thing that I want to possess is the very mind of yours.]
  [What I want to have is the very mind of yours.]

- 오늘 할 수 있는 것을 내일로 미루지 마라.
  [Do not put off till tomorrow what you can do today.]

문법적으로 what 이 주절과 종속절에서 두 가지 역할을 하는 것은 문법서에서 자세히 배우므로 여기서는 [것] 이라는 명사절에 치중하여 [것]을 거론할 때는 무조건 what 으로 출발하는 습관을 기르자.

6 관계부사를 응용하는 법

① 장소를 의미하는 명사 뒤에서 완전한 구조를 갖춘 절이 수식할 경우 관계사는 where를 사용한다. 해석은 [주어가 동사하는] 장소

- 내가 그 아이를 돌보는 집은 매우 넓다.
  [The house where I baby-sit with the child is very large.]

- 당신이 시한부 생명을 살고 있는 상황을 상상해 보아라.
  [Imagine the situation where your days are numbered.]

② 시간을 의미하는 명사 뒤에서 완전한 구조를 갖춘 절이 수식할 경우 관계사는 when을 사용한다. 해석은 [주어가 동사하는] 시간

- 나는 산타클로스의 존재를 믿던 날들을 기억한다.
  [I remember the days when I believed in Santa Claus.]

- 내가 눈길에서 미끄러져 부상당했던 지난 겨울은 정말로 추웠다.
  [It was really cold last winter when I slipped and fell on an icy road, injuring myself.]

③ reason why 주어 동사 절의 응용은 [주어가 동사하는] 이유

- 내가 이 남자를 싫어하는 것은 당연하다. (의역)
  [There is every reason why I hate this man.]

- 당신이 나를 떠나야 하는 단 하나의 이유라도 말해 달라.
  [Give me just one reason why you have to leave me.]

④ way that 주어 동사 절의 응용은 [주어가 동사하는] 방식

- 그들이 소비자를 모으는 방식은 사회적 문제를 일으킬 수 있다.
  [The way that they gather potential consumers can cause social problems.]

- 나는 그가 나에게 말하는 방식을 흉내 내어 본다.
  [I often try to imitate the way that he talks to me.]

이 관계부사는 수식받는 명사가 일반적 의미의 place, time, reason, way 일 경우 모두 that으로 사용하거나 아니면 생략할 수도 있다. 또한 이 경우 수식받는 명사를 빼고 관계사를 문법적으로 명사절을 이끄는 접속사로 바로 옮겨 쓸 수도 있다.

How they gather potential consumers can cause social problems.
I often try to imitate how he talks to me.
Tell me why you have to leave me.

등은 원래의 문장과 같은 뜻의 영작이 된다.

unit 4 관계사절의 수식어 활용

제 3과정 unit 4

영작연습문제 다음을 지시대로 영작하시오.

1. 나는 당신이 어제 잃어버린 지갑을 찾아가지고 있다.
   [관계사절 사용/ 9글자로]

2. 나는 그가 나를 싫어하는 이유를 이해하지 못한다.
   [관계사절 사용/ 8글자로]

3. 그것이 내가 맛보고 싶어 하는 것이다.
   [7글자로]

4. 그는 엔진 소음이 심한 그 차를 정비시킬 것이다.
   [관계사절 사용/ 11글자로/ much/ produce 활용/ serviced/ will have]

5. Sarah Jang 은 한국이 지금까지 낳은 가장 훌륭한 바이올리니스트들 중 하나이다.
   [13글자로/ ever/ 관계사 써서/ 현재완료시제 사용]

6. 이것이 우리가 가끔씩 그 그늘에 앉아 이야기를 나누던 그 참나무입니다.
   [14글자로/ would often/ in/ oak tree/ 관계사절 사용]

7. 만일 그것이 당신이 즐길 수 있는 무엇인가라고 생각하신다면 지체없이 장기를 배워보세요.
   [18글자로/ how to/ hesitation/ it is/ 관계대명사를 써서]

8. 당신이 찾고 있는 것이 이것인가?
   [7글자]

9. 나의 반은 과학과 수학에 흥미가 있는 똑똑한 학생들로 가득 차 있다.
   [15글자/ brilliant/ 관계사절을 써서/ in/ of]

10. 당신이 알 필요가 있는 한 가지는 할인판매되는 품목에 대해서는 저희는 환불해 드리지 않는다는 사실입니다.
    [18글자로/ that/ that/ give/ no/ on/ the/ on]

한국인을 위한 영작 1단계

www.properenglish.co.kr

모범답안

1 I have found the wallet that you lost yesterday.
현재완료시제를 써서 찾아서 현재 보유하고 있다는 사실까지 알린다.

2 I don't understand the reason he hates me.
관계사 why 를 생략하면 8글자를 이룬다.

3 That is what I want to taste.
what은 앞에서 be동사의 보어 뒤에서 taste 동사의 목적어로 사용되었다.

4 He will have the car serviced whose engine produces much noise.
소유격 관계사를 사용하였다. have + 목적어 + pp 구조 채택. service를 분사로 사용한 용법인데 한국어의 서비스 받는다라는 의미로 매우 자주 사용한다.

5 Sarah Jang is one of the best violinists that Korea has ever produced.
최상급명사 다음에 관계사절에 have ever pp를 사용하는 용법이다. 매우 자주 사용하는 관용표현이다.

6 This is the oak tree in whose shade we would often sit and talk.
소유격관계사가 전치사의 짝으로 관계사절 내에서 장소의 부사구 역할을 하고 있다.

7 Learn how to play chess without hesitation if you think that it is something that you can enjoy.
첫 번째 that은 명사절을 이끄는 접속사이고 두 번째 that은 관계대명사인데 둘 다 생략가능하다.

8 Is this what you are looking for?
영화에서 매우 자주 나오는 대사.. ^^

9 My class is full of the brilliant students who are interested in science and math.
관계사 주격과 be 동사를 생략해서 바로 students interested in 으로 만들어도 가능하다.

10 One thing that you need to know is that we give no refund on the item on sale.
[첫 번째 that은 관계사 두 번째 that은 be 동사 다음에 오는 명사절유도 접속사이며 둘 다 생략할 수 있다.]

바른영어훈련소

www.properenglish.co.kr

한국인을 위한 영작 1단계

제 4 과정

유형별 필수표현들

unit 1
찬성과 반대의 표현

일기를 쓰거나 간단한 생활 대화에서 벗어나 논리를 가지고 상대방을 설득하거나 의사소통을 역동적으로 하기 위해서는 주어진 주제에 대해 찬성이나 반대를 명확히 해야 한다. 그리고 자신의 입장을 간단명료하게 설명하기 위해서 논리적 근거나 예시 또는 경험을 제시해야 하는데 우선 그 중 찬성과 반대를 표시하는 가장 기본적인 표현들로 영작을 해보자.

1 어떠한 사실에 동의한다.
I agree with / I agree to / I agree on / I agree that 절 / I agree to 부정사

- 나는 그곳에 가기로 동의합니다.
  [I agree to go there.]

- 나는 그 제안에 동의합니다.
  [I agree to the offer.]

- 나는 그 사람에게 동의합니다.
  [I agree with him.]

- 나는 그 문제에 관하여 동의합니다.
  [I agree on that matter.]

- 나는 아이들이 어린 나이 때 영어를 모국어와 함께 배워야 한다는 사실에 동의합니다.
  [I agree that children should learn English along with their mother tongue when they are young enough.]

2 어떠한 사실에 찬성한다.
I am in favor of

- 나는 저축량을 늘리는 것에 찬성한다.
  [I am in favor of increasing the amount of savings.]

3 어떠한 사실을 믿는다.
I believe that 절

- 나는 안전벨트가 사람의 생명을 구할 수 있다는 사실을 믿습니다.
  [I believe that safety belts can save lives.]

4 어떠한 사실에 반대할 이유가 없다.
There is no reason to oppose + 목적어

- 성전환을 허용하는 것을 반대할 이유가 없다.
  [There is no reason to oppose allowing trans-genders.]

5 내 의견으로는 어떠하다.
In my opinion, 주어 + 동사

- 내 의견으로는 스쿨존에서의 속도제한이 더욱 엄격해져야 한다.
  [In my opinion, speed limits within the school zone must be more strict.]

바른영어훈련소

unit 1 찬성과 반대의 표현

6 나는 주장한다, 생각한다
I think, I contend, I maintain, I assert, I hold + 주어 동사

- 나는 학생들이 교사들을 평가할 수 있다고 주장한다.
  [I strongly hold that students can evaluate teachers.]

7 나는 반대한다.
I object to + 명사 / I object + 절

- 나는 고기가 목적이 아닌 모피가 목적인 동물살해에 반대한다.
  [I object to the idea of killing animals to get fur not meat.]

8 나는 옳지 않다고 생각한다.
I don't think it is a good idea to 부정사

- 나는 당신이 크리스마스시즌에 혼자 시간을 보내는 것이 옳다고 생각하지 않습니다.
  [I don't think it is a good idea for you to spend the Christmas holiday alone.]

9 일반적인 생각과는 달리 어떠하다.
contrary to popular idea, 주어 + 동사

- 일반적인 생각과는 달리, 흡연은 정신건강에도 해롭습니다.
  [Contrary to popular thought, smoking is also bad to mental health.]

10 어떠한 사실이 명백하다.
it is clear (evident) that 절

- 피고가 무죄라는 사실이 명백하다.
  [It is clear that the defendant is not guilty.]

11 a 보다 b 를 선호하다.
prefer A to B

- 나는 전화를 하는 것보다는 문자를 보내는 것을 선호한다.
  [I prefer paging messages to giving a call.]

unit 1 찬성과 반대의 표현

제 4과정 unit 1

영작연습문제 주어진 문장을 지시대로 영작하시오.

1. 나는 법원의 결정에 동의한다.
   [with/ the/ the/ 8글자로]

2. 나는 학교도서관이 24시간 개방되어야 한다고 주장한다.
   [a day/ should/ insist/ be open/ hours/ 13글자로]

3. 나는 그 호텔 안에 카지노를 짓는 것이 옳다고 생각하지 않는다.
   [13글자로 / right/ a]

4. 내 의견으로는 도시에 사는 사람들이 더 많은 세금을 부담해야 한다.
   [opinion/ 12글자/ a]

5. 실험실이 확장될 필요가 있다는 것은 명백하다.
   [it/ the lab/ be expanded/ to/ 10글자로]

6. 나는 그가 최종결정을 내린다는 사실에 반대한다.
   [object/ that/ 8글자로]

7. 나는 외식하는 것보다 집에서 요리하는 것을 선호한다.
   [cooking/ eating out/ 8글자로]

8. 나는 사람들이 운전 중에 휴대폰으로 대화하는 일이 적절치 않다고 생각한다.
   [I don't think it is a/ 17글자로/ while/ on]

모범답안

1 I agree with the decision of the court.
agree with 다음에는 생각이나 의견, 혹은 결정 등의 목적어가 온다.

2 I insist that the school library should be open 24 hours a day.
당위성에 대한 주장에서 insist 동사를 사용하면 조동사 should 를 생략하고 동사원형만을 사용할 수 있다.

3 I don't think it is right to build a casino in the hotel.
I think it is not right 라고 하는 것은 어색한 표현이다.

4 In my opinion, people living in a city should pay more tax.
From my point of view라는 표현도 거의 같은 의미로 자주 사용된다.

5 It is evident that the lab needs to be expanded.
가주어 진주어절 구조이다.

6 I object that he makes the final decision.
object 는 that 절을 받아서 사용할 수 있다.

7 I prefer cooking at home to eating out.
prefer home-cooked meal 이라고 써도 같은 의미가 될 수 있다.

8 I don't think it is a good idea for people to talk on cell phones while driving.
talk on cell phones 라는 표현을 기억해두자. [휴대전화 받고 있다] 라는 의미로 자주 사용되어지는 표현이다. 한국말에 [전화받고 있다] 라는 의미는 실제동사 [받다]를 써서는 곤란하다는 것을 알지만 막상 적절한 표현이 떠오르지 않는 경우가 많은데 be on a cell phone 을 사용하거나 speak 또는 talk 동사 뒤에 on a cell phone을 흔히 사용한다.

unit 2
조건과 가정을 나타내는 표현

조건은 아직 발생하지 않을 일에 대한 조건을 제시하는 것이고 가정은 이미 벌어졌거나 벌어지고 있는 일을 반대로 상정한다는 것이 영문법에서 말하는 두 상황에 대한 정의이다. 하지만 복잡하게 생각할 것 없이 일어날 수 있는 일을 가정하는 것과 반대의 사실을 가정하는 것이라고 생각해두고 현재사실의 반대를 가정할 때에는 실제가 아니라는 것을 보여주기 위해 시제를 과거로 사용하며 과거사실을 반대로 가정할 때에는 역시 그 과거보다 먼저 반대의 상황이 조성되어야 한다고 보기 때문에 과거 완료 시제를 사용한다. 그 외에도 가정법과 연관된 관용표현들을 많이 익혀두자.

1. 현재나 미래에 특정한 조건을 제시 : -한다면 -할 것이다.

if 절의 시제 현재, 주절은 구조의 제한은 없다.

- 당신이 지금 떠나면 나는 아마 더 살지 못할 것입니다.
  [If you leave me now, I don't think I will live any longer.]

- 내일 날씨가 맑다면 우리는 소풍을 갈 것입니다.
  [If it is fine tomorrow, we will go on an excursion.]

- 만일 그를 보게 되면 나의 집으로 와 달라고 말해주세요.
  [If you see him, tell him to come to my house, please.]

2. 현재의 사실을 반대로 가정할 때 : -한다면 -할 텐데.

한국어로 옮기면 두 개의 해석은 그 차이점을 알 수 없다. 그러므로 반대의 사실을 가정한 것이냐 아니면 일어날 수도 있는 조건을 제시한 것인가 에 포인트를 두고서 구별해야 한다.
if 절의 시제 과거, 주절에는 조동사의 과거형 사용

- 당신이 만약 여자라면 그런 말을 절대 할 수 없을 것이다.
  [If you were a woman, you would not say so.]

- 오늘 날씨가 맑다면 산책을 할 수 있을 텐데 (날씨가 맑지 않은 상황이다)
  [If it were fine today, I could take a walk.]

3. 과거의 사실을 반대로 가정할 때 : -했다면 -했었을 텐데.

if 절의 시제는 과거완료 주절은 조동사의과거형과 완료시제

- 만일 당신이 그런 식으로 말하지 않았다면, 나는 당신의 제안을 받아들였을 것이다.
  [If you had not said so, I would have taken your suggestion.]

여기서는 앞으로 if 절을 사용하지 않고 조동사의 과거형 + have pp 가 나오면 일어나지 않은 과거의 일을 상정하고 있다고 생각하는 습관을 길러야 한다.

한국어로 좀 살펴보면

- 내가 널 도와줄 수 있었는데..(못 했을 경우)
- 나는 좀 더 일찍 올 수도 있었는데 (못온 경우)
- 기차를 놓칠 뻔 했다 (안 놓친 경우)
- 그라면 그 일을 해 낼 수 있었을 텐데 (그가 아니었기에 못한 경우)
- 5년전 이었으면 누구라도 살 수 있었을 집 (못샀을 경우)

영작을 해 보자.

- I would have helped you.
- I could have come earlier.
- I might have missed the train.
- He could have done the job.
- A house that anyone could have bought 5 years ago.

unit 2 조건과 가정을 나타내는 표현

4 시점의 혼용으로 반대의 사실을 진술하는 방법
과거사실의 반대설정과 현재사실의 반대 결과를 예측하는 방법
if 절의 시제는 과거완료 주절은 조동사 과거형과 동사원형

- 그 사람과 결혼했다면 지금 더 행복하게 살고 있을것 같다.
  [If I had got married to him, I think I would live more happily.]

- 그가 그 당시 사망하지 않았다면 지금 10살이 되었을 것이다.
  [If he had not died at that time, he would be ten years old.]

5 -라면 좋겠다 / -였다면 좋겠다.
I wish + 주어 과거동사 / I wish + 주어 과거완료 동사

- 내가 너라면 좋겠다.
  [I wish I were you.]

- 내가 그렇게 행동하지 않았더라면 좋으련만. (실제로 그렇게 행동했다)
  [I wish I had not behaved like that.]

6 -라고 가정해 보자
suppose + 주어 동사

- 당신이 트럭 운전사라고 가정해 보아라 (운전사가 아닐 경우)
  [Suppose you were a truck driver.]

7

-라고 사료됩니다.
I presumably think that 절
Presumably, 주어 동사

- 거짓말 탐지기가 현재로서는 그의 유, 무죄를 결정짓는 유일한 도구일지도 모릅니다.
  [I presumably think that the lie detector is the only tool by which we can determine between his quilt and innocence.]

8

마치 -처럼 보인다.
it seems as if 주어 동사

- 많은 사람들이 학창시절을 동경하는 것처럼 보인다.
  [It seems as if many people miss the old school days.]

- 많은 사람들이 일생동안 한번쯤은 반대의 성이기를 바라는 것처럼 보인다.]
  [It seems as if many people want to be the opposite sex once in a life time.]

9

아마도 -할 가능성이 크다.
주어 + be likely to 부정사
In all likelihood, 주어 동사

- 아마도 암은 환경적 요인보다 유전적 요인에 더 관련이 있을 것 같다.
  [Cancer is likely to be related more to hereditary factors than to environmental ones.]

10

-인지 의심스럽다.
it is doubtful whether 절

- 내년에는 경기가 나아질 지 의심스럽다.
  [It is doubtful whether the economy will get better next year.]

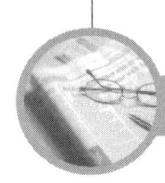

unit 2 조건과 가정을 나타내는 표현

11 의심의 여지없이 -하다
there is no doubt that 절

- 대부분의 학생들이 수업보다는 정보검색이나 챗팅을 위해 컴퓨터를 더 많이 이용한다는 사실에는 의심의 여지가 없다.
  [There is no doubt that students spend more time scanning information or having a chat than taking courses.]

12 -한다면 어떨까?
what if 절?

- 내가 대학을 졸업한 후 일자리를 찾을 수 없다면 어떻게 되나?
  [What if I can't find a job after I graduate from college?]

제 4과정 unit 2

영작연습문제 다음을 지시대로 영작하시오.

1 그가 오늘 밤 안으로 돌아올 가능성이 크다.
   [8글자로]

2 만에 하나 그가 그 시험에서 떨어지면 어떻게 하지?
   [should/ 8글자로]

3 나는 정각에 도착할 수도 있었다.
   [6글자로/ arrived]

4 북한이 6자회담으로 돌아오리라는 것은 의심의 여지가 거의 없다.
   [the six party talk/ return/ little/ 14글자로]

5 만일 그가 내 아들이라면 우리 가문은 지속될 수 있을 것이다. (모를 때)
   [9글자로/ continue]

6 그가 마치 너의 아빠인 것 같다.(아닐 때)
   [8글자로]

7 그렇게 할 수 있다면 좋으련만.(할 수 없을 때)
   [6글자로]

8 다른 행성들에도 생명체가 있다고 가정해보자.
   [7글자로]

9 대학교육이 재정과 상관없이 모든 학생들에게 이용가능하다면 좋겠다. (실제로는 그렇지 않다)
   [13글자/ regardless of/ all students/ a college education/ available/ all students/ to]

10 나에게 과거로 갈 기회가 주어진다면 나는 19세기를 보고 싶다.
   [17글자로/ the past/ the chance]

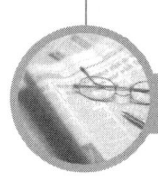

unit 2 조건과 가정을 나타내는 표현

모범답안

1 He is likely to come back within tonight.
   It is likely that he will come back within tonight 도 가능한 표현이다.

2 What if he should fail in the test?
   if 절 속에 should 를 사용해서 만에 하나 내지는 바라지 않는 일을 암시한다.

3 I could have arrived on time.
   could have pp는 과거사실의 반대결과를 예측한 것이다.

4 There is little doubt that North Korea will return to the six party talk.
   no doubt 가 조금 약한 뜻의 little doubt 를 사용했다.

5 If he is my son, my family will continue.
   그가 내 아들이 아닌 것을 알고 있는 상태에서 가정한다면, if he were my son, my family would continue 가 된다.

6 It seems as if he were your father.
   as if he is your father를 사용하면 실제로 그럴 가능성이 있다는 의미가 된다.

7 I wish I could do that.
   wish 다음에 절을 받을 때는 반대의 사실을 받으므로 시제는 과거나 과거완료가 와야 한다.

8 Suppose there is life on other planets.
   is 를 사용했기 때문에 가능성이 있다고 보는 것이다. 만약 were를 사용하면 없다는 것을 전제로 할 때이다.

9 I wish a college education were available to all students regardless of finance.
   wish 다음 절에 과거시제 동사를 사용하면 현재 그렇지 않다는 의미이다.

10 If I were given the chance to go to the past, I would see the 19th century.
   그런 기회가 주어질 수가 없다는 것을 상정했으므로 반대의 사실에 대한 가정으로 보는 것이다.

unit 3
원인과 결과를 나타내는 표현.

짧은 문장이 아니라 긴 문장을 논리 정연하게 영작할 때 앞에서 언급한 진술에 대한 원인 이나 그 결과를 적시해야 할 필요가 있다. 이 때 [이러한 이유 때문에 -하다] 혹은 [그 결과 -하다] 라고 명쾌하게 연결해 주어야 한다. 이 때 주로 사용되어 지는 표현을 보자.

1. 그것이 -한 이유이다 혹은 그래서 -하다는 것이다.
that is why 절

- 그것이 균형 잡힌 식단을 섭취하는 것이 중요한 이유이다.
- 그래서 균형 잡힌 식단이 중요하다는 것이다.
  [That is why it is important to have a balanced diet.]
  [That is why a balanced diet is important.]

2. 이러한 이유 때문에 -하다.
for this reason, 주어 + 동사

- 이러한 이유 때문에 나는 너와 함께 가고 싶은 것이다.
  [For this reason, I want to go with you.]

3. 이것은 -하기 때문이다.
that is because 절

- 우리는 이제 같은 단위의 돈으로 예전 만큼 많은 물건을 살 수가 없다. 그것은 인플레이션이 일용품의 가격을 상승시키기 때문이다.
  [We can't buy with the same amount of money as much as before. That is because inflation causes the prices of commodities to increase.]

unit 1 표현방식에 의한 평서문, 의문문, 감탄문, 기원문, 명령문

4. -의 이유는 -이다.
the reason for- is that 절

- 그러한 개선에 대한 이유는 회사가 고객들의 불만사항에 귀를 기울였기 때문이다.
  [The reason for the improvements is that the company has listened to the customers' complaints.]

5. - 때문에 -하다
due to/ owing to/ thanks to/ on account of + 목적어, 주어 + 동사

- 인터넷에서 음악을 다운로딩하는 것의 증가하는 인기 때문에 사람들은 더 이상 음악 cd를 사려하지 않는다.
  [Due to the increasing popularity of downloading music from the Internet, people don't buy music CDs any more.]

- 도로 교통의 혼잡 때문에 나는 지하철을 타는 것을 선호한다.
  [Because of the traffic congestion, I prefer to use the subway.]

6. -의 결과로 -하다.
as a result of 목적어, + 절

- 파산의 결과로 그는 더 이상 결혼 생활을 지속할 수가 없었다.
  [As a result of the bankruptcy, he couldn't go on with his marriage.]

7. 이러한 면에서 -하다
in this sense, + 절

- 이러한 면에서, tv는 아이들의 상상력을 책만큼 향상시키지는 못한다.
  [In this sense, tv doesn't improve children's imagination as much as books do.]

한국인을 위한 영작 1단계

8. 결과적으로 -하다
therefore + 절 / consequently + 절

- 그 결과 나이 든 사람들이 젊은 사람들보다 인생을 더 즐길 수 있게 된다.
  [Consequently, the old can enjoy life more than the young.]

9. 예상된바 대로, -하다
as might be expected/ as has been expected/ as we might expect + 절

- 예상된 바대로, 그들은 일년도 못가서 이혼했다.
  [As might be expected, it was not a year before they got divorced.]

10. -라고 판명되다.
it turn out that 절

- 결국 많은 사람들이 보수보다 근무여건을 더 중시한다고 판명되었다.
  [It has turned out that most people value working condition more than pays.]

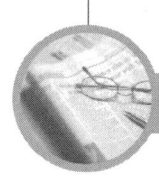

unit 1 표현방식에 의한 평서문, 의문문, 감탄문, 기원문, 명령문

제 4과정 unit 3

영작연습문제 다음을 지시대로 영작하시오.

1. 독감 때문에 나는 면접일정을 다시 잡고 싶습니다.
   [11글자로/ would like to/ my]

2. 이것이 내가 사형제도에 찬성하는 이유이다.
   [11글자로/ be in favor of 활용]

3. 이러한 이유들 때문에 나는 우리가 재활용하기 위해 더 애써야 한다고 생각한다.
   [11글자로]

4. 내가 너를 최고의 여자라고 생각하는 또 다른 이유는 네가 요리를 잘한다는 것이다.
   [14글자로/ faithful/ 관계사절을 써서/ 관계사는 생략하고]

5. 이것은 홈스쿨링 아이들이 다른 학생들과 사회적 접촉이 부족하기 때문이다.
   [12글자로/ lack]

6. 예상된 바대로 IT 산업은 지난 10년간 엄청나게 성장했다.
   [15글자로/ ten years/ significantly]

7. 지구온난화의 가장 큰 이유는 화석연료의 연소이다.
   [12글자로/ the burning]

8. 그것이 신문이 tv보다 더 믿을 만한 뉴스소스인 이유이다.
   [11글자로/ reliable]

9. 이 현상에 대한 이유는 사람들이 자신의 외모에 지나치게 관심을 기울인다는 것이다.
   [15글자로/ pay attention to]

1   Due to the flu, I would like to reschedule my interview.
    병 때문에 면접이나 기타 약속을 변경 혹은 연기할 때 그 이유를 앞에 due to 를 비롯하여 유사한 표현으로 달아주고 다음 자기가 바라는 바를 밝힌다.

2   This is why I am in favor of the death penalty.
    [-에 반대하다]는 be against 라는 표현을 기억하자

3   For these reasons, I think we should try harder to recycle.
    try hard 나 try harder 같은 표현도 상투적으로 사용한다.

4   Another reason I think you are the best woman is that you cook well.
    reason 뒤에는 관계사 why 가 생략되었다.

5   This is because homeschooled children lack the social contact with other students.
    homeschooled 라고 pp 분사로 수식하는 이유는 이것이 집에서 [교육시키다]라는 타동사의 의미로 사용될 수 있고, 학생들은 교육을 받는 입장이기 때문이다.

6   As might be expected, the IT industry has grown significantly in the past ten years.
    [지난 10년간]이라는 부분은 in the past decade라고 표현할 수도 있다. 현재완료시제가 타당하다.

7   The biggest reason for global warming is the burning of fossil fuels.
    [-에 대한 이유] 에 가장 많이 사용하는 구조는 reason for + 목적어.

8   That is why newspapers are more reliable news sources than tv.
    that's because 와 that's why 를 잘 구분하고 있어야 한다.

9   The reason for this phenomenon is that people pay too much attention to their looks.

바른영어훈련소

www.properenglish.co.kr

한국인을 위한 영작 1단계

제 5 과정

단락문 영작연습

제5과정. 단락문 영작연습

이제 단문 영작의 기초위에서 짧은 단락영작을 훈련해 보자. 물론 단락영작의 깊이와 완성도를 위해서는 영작반 2단계, 3단계를 거치면서 한국사람들이 잘 알지 못하는 영어적 사고와 숙어 훈련이 필요하다. 이 과정은 일 년 이상에 걸쳐서 서서히 연습해 나가기로 한다. 단락문 영작과 본격적인 에세이 작문을 위해서는

(1) 전체 글의 주제를 거시적으로 조망하고
(2) 모든 문장에서 먼저 주어와 동사를 찾아서 몇 형식으로 구성할 것인가에 유념하며
(3) 가급적 쉽고 명확한 표현들을 사용하고
(4) 애매한 표현이나 콩글리쉬가 있는지를 원어민 내지는 원어민에 가까운 실력을 가진 사람들에게 점검해본다.
(5) 초기에는 관사나 단, 복수의 문법적 정확성 보다는 주어 동사의 큰 뼈대와 형식, 그리고 수식어를 적절히 앞, 뒤로 배분시켰는가에 가장 유념하는 것이 좋다.
(6) 주장을 펼 때는 반드시 논리적 근거를 제시해야 하며
(7) 불필요한 부분을 반복하지 않도록 해야 한다

이 책은 영작문 제 1 단계이므로 본격적 토플에세이 훈련은 차후로 넘기고 간략하게 에세이 쓰는 요령을 살펴보기로 한다.

한국인을 위한 영작 1단계

 단락문 영작 1   다음 주어진 글을 지시대로 영작하시오.

1 유명인사들과 대화하는데 있어서 가장 흔한 하나의 실수는 그들이 자신들의 직업들을 제외한 그 밖의 것에 대해 많은 것을 알지 못한다라고 가정하는 것이다.
[in -ing 활용/ be to 용법 활용/ assume/ celebrities/ anything else/ 21글자로]

2 사실, 영화산업이나 운동계는 폭 넓은 종류의 활동들과 명분들에 관심도 있고 관여하고 있는 지적이고 교육받았으며 많은 것을 알고 있는 남자들과 여자들로 가득 차 있다.
[the movie business/ the athletic world/ informed/ interested/ involved/ a wide variety/ causes/ 관계사절 사용/ 32글자로]

3 그러나 그들은 연기 혹은 스포츠에 관해서만 질문을 받는다.
[acting/ only about/ 9글자로]

4 만일 당신이 혹시라도 그 유명인사의 그들 직업외적인 관심사에 대해 안다면, 당신은 그 혹은 그녀가 자신의 직업세계에 대해서보다 그것에 관해 훨씬 더 자유스럽게 당신에게 말을 할 것이라는 것을 발견할 지도 모른다.
[32글자로/ extracurricular interest/ might find/ about it]

5 예를 들어, 저 유명한 배우인 Paul Newman 에게 아이들에게 하는 그의 자선사업에 관하여 물어보아라.
[14글자로/ 동격명사 사용/ charity work with kids]

제 5 과정 | 145

바른영어훈련소

제 5과정. 단락문 영작연습

1. A common mistake in talking to celebrities is to assume that they don't know much about anything else except their occupations.
   [대표복수 celebrities를 사용하였고 assume 다음에 that은 생략가능한 접속사이며 복수형 대명사 소유격 their 를 주의할 것 .]

2. In fact, the movie business and the athletic world are full of intelligent, educated, and informed men and women who are interested and involved in a wide variety of activities and causes.
   [3개 이상 나열된 형용사에서 마지막 informed 앞에 접속사 and를 사용하였으며 대표복수 men and women 을 사용하였다. are interested in 과 are involved in 을 and 에 의해서 축약시켰다.]

3. Yet they are asked only about acting or sports.
   [–관하여 질문받다 의 의미로 be asked about을 사용하였다.]

4. If you happen to know about the celebrity's 'extracurricular' interest, you might find he or she will speak to you about it much more freely than about his or her professional life.
   [혹시 –하다 라는 숙어 happen to 부정사를 기억하고 extracurricular 에 인용부호를 친 이유는 원래 이 단어가 학생들의 교과외적인 이라는 의미인데 여기서는 유명인사들의 전공외적인 이라는 의미로 비유되었음을 암시한다. 비교급 than 다음에 전치사 about을 다시 달아 줌으로써 비교 병렬되는 부분을 쉽게 알아보도록 배려했다.]

5. For example, ask Paul Newman, the famous actor, about his charity work with kids.
   [동격명사를 사용할 때는 고유명사를 먼저 쓰고 나중에 부연설명에 해당하는 보통명사를 쓰며 이 사람이 널리 알려진 특정인이므로 정관사 the를 썼다.]

(2007 입시 26번 지문 내 손으로 만들기)

 단락문 영작 2 다음 주어진 글을 지시대로 영작하시오.

1 사람들은 그것들이 틀렸다해도 그들의 첫 인상들에 집착하는 경향이 있다.
 [13글자로/ even if/ stick to]

2 당신이 당신의 새로운 이웃의 이름을 한 친구에게 언급한다고 가정해보자.
 [12글자로/ mention]

3 " 아, 나 그 사람 알아"라고 당신의 친구는 대답한다.
 [7글자로/ reply 활용]

4 " 그 사람은 처음에는 좋아 보이지만 그것은 모두 연기야"
 [10글자로/ but/ all an act]

5 아마도 이런 평가는 근거가 없을 지도 모른다.
 [perhaps/ 5글자로]

6 그 이웃은 당신의 친구가 그를 알게 된 이후 변했을 수도 있고 혹은 아마도 당신 친구의 판단이 단순히 부당할 수도 있다.
 [18글자로/ perhaps/ may have pp 활용]

7 그 판단이 정확하던 아니던, 일단 당신이 그것을 수용하면 그것은 아마도 당신이 그 이웃에게 반응하는 방식에 영향을 줄지도 모른다.
 [22글자로/ 관계사 생략한 관계사절 사용/ probably/ or not/ once]

8 이 이웃이 설령 성인이라고 해도 당신은 그의 행동을 당신의 기대감에 꼭 맞는 방식들로 해석할 가능성이 클 것이다.
 [21글자로/ 관계사주격을 이용한 관계사절 사용/ fit your expectation/ were/ would be likely to]

제5과정. 단락문 영작연습

모범답안

1 People tend to stick to their first impressions, even if they are wrong.
[people을 복수로 하여 their을 받았고 impressions 도 복수이다.]

2 Suppose you mention the name of your new neighbor to a friend.
[–라고 가정해보자 에 가장 많이 사용하는 구조인 suppose + 절을 채택했고 mention A to B 는 B에게 A를 언급하다.]

3 "Oh, I know him," your friend replies.
[know 는 개인적으로 아는 경우이고 know about 은 보통 간접적으로 안다는 의미]

4 "He seems nice at first, but it's all an act."
[처음에 라는 의미는 at first 이고 단수도 all 로 강조할 수 있다.]

5 Perhaps this evaluation is groundless.
[perhaps 는 주로 문장의 앞에 오고 probably는 주로 동사 다음에 사용한다. 조동사 may + 동사 원형을 써도 같은 의미가 된다.]

6 The neighbor may have changed since your friend knew him, or perhaps your friend's judgement is simply unfair.
[since를 썼기 때문에 앞에 완료시제를 사용하였다.]

7 Whether the judgement is accurate or not, once you accept it, it will probably influence the way you respond to the neighbor.
[whether 절이 양보적으로 사용되어졌으며 or not 과 자주 호응한다. once 는 접속사로 사용되어 다시 두 개의 절을 이끌고 있으며 probably는 조동사가 있을 경우 조동사 다음에 둔다. the way 뒤에서 관계사가 생략되었다.]

8 Even if this neighbor were a saint, you would be likely to interpret his behavior in ways that fit your expectation.
[even if 절의 시제를 과거 사용하여서 이것이 모르는 사실에 대한 가정 즉 조건문이 아니라 알고 있는 사실을 반대로 가정한다는 의도이므로 뒤에도 조동사의 과거형 would 로 호응하였다. ways 뒤의 that은 관계사 주격이다.]

(2007 입시 25번 지문 내손으로 만들기)

한국인을 위한 영작 1단계

제 6 과정

필수 pattern 복습
영작 연습

바른영어훈련소

제6과정. 필수 pattern 복습 영작 연습

다음을 주어진 조건으로 영작하세요.

1. 당신의 영어를 향상시키기 위해서 영자 신문을 읽는 습관을 가지는 것이 절대적으로 필요하다.
   [it – for – to 부정사 구조사용/ 20글자로]

2. 요즈음과 같은 자유 무역시대에 외제차 수입을 제한하기란 쉽지 않다.
   [18글자/ it -to 부정사 구조사용/ foreign-made/ in these days of free trade]

3. 지구표면의 4분의 3이 물로 덮여있다고 한다.
   [16글자로/ it is said that]

4. 사람들은 반복되는 광고 때문에 당장 필요하지도 않은 물건을 일시적 충동으로 구매하게 된다.
   [19글자로/ cause + 목적어 + 부정사 / 관계사절 사용/ on the impulse of the moment]

5. 지속적인 음주 운전 단속은 교통사고 사망자 수를 크게 감소시켰고 그것으로 우리는 재산의 손실도 줄였다.
   [23글자로/ traffic deaths/ save 동사의 4형식 활용/ the loss of property/ continual checking/ on drunk driving]

6. 당신이 그 법을 몰랐다는 것을 인정한다해도 그것이 당신의 행위를 정당화시키지는 못한다.
   [13글자로/ 분사구문활용/ be ignorant of]

7. 내가 친구로 생각했던 그 사람이 나를 속였다.
   [10글자로/ 삽입구조 사용]

8 진정한 친구는 마치 자신의 일처럼 친구의 성공을 기뻐하고 또 친구의 실패를 슬퍼한다.
   [21글자로/ as if/ rejoice at/ sorrow over]

9 일상생활에 원자력이 남용된다면 우리의 생명이 더 많은 위험에 노출될 것이다.
   [17글자로/ be abused 활용/ to many dangers]

10 새로 오신 선생님은 어떤 분이십니까?
   [be like 활용/ 6글자로]

11 나는 그가 어떻게 되었는지 궁금하다.
   [7글자로/ what/ him]

12 원인 모르게 식욕을 잃고 체중도 빠지고 안색이 나쁠 때 의사의 진찰을 받아 보는 것이 상책이다.
   [had better/ lose/ knowing why/ consult/ 20글자로]

13 인생에서 맨 먼저 알아야 할 것은 자신밖에 아무도 의지할 사람이 없다는 사실이다. 따라서 당신은 당신에게 한 평생 충실할 수 밖에 없다.
   [34글자로/ cannot but 동사원형/ the fact that 절/ rely on/ but/ all through]

14 그는 무모한 운전으로 인하여 운전면허를 일시 정지당했다.
   [have + 목적어 + pp 구조 활용/ 11글자로]

바른영어훈련소

제6과정. 필수 pattern 복습 영작 연습

1. It is absolutely necessary for you to form a habit of reading English newspapers in order to improve your English.
   [form a habit of -ing 활용했고 대표적 가주 진주 구조이다.]

2. It is not easy to restrict the import of foreign-made cars in these days of free trade.
   [foreign-made 복합분사활용]

3. It is said that the three fourths of the surface of the earth is covered with water.
   [4/3분수의 면적개념은 단수]

4. Repeated advertisements cause people to buy the things that they don't need immediately on the impulse of the moment.
   [관계사절로 앞의 things 수식]

5. The continual checking on drunk driving has greatly decreased the number of traffic deaths and has saved us the loss of property.
   [save + IO + DO 4형식 구조로 -에게 무엇을 덜어주다, 아껴주다]

6. Granting that you were ignorant of the law, it cannot justify your behavior.
   [granting 은 분사구문에서 양보적으로 해석한다]

7. The man who I thought was my friend deceived me.
   [I thought 이 삽입절]

8 A true friend will rejoice at his friend's success and sorrow over his friend's failure as if it were his own.
[as if 다음에 실제의 사실이 아닐 경우는 가정법 동사의 규칙을 따른다]

9 If atomic energy were abused in our daily lives, our lives would be exposed to many dangers.
[현재에 일어나고 있지 않은 일을 상정한다고 보고 동사의 시제를 과거를 썼다]

10 What is the new teacher like?
[be like 의 의미활용]

11 I wonder what has become of him.
[become of 숙어의 활용]

12 When you lose your appetite and weight and you look pale without knowing why, you had better consult a doctor.
[consult 는 바로 목적어를 받을 수 있는 동사이다]

13 The first thing for you to learn in life is the fact that there is nobody to rely on but yourself. Consequently, you cannot but remain faithful to yourself all through your life.
[결과절을 유도할 때 접속부사 consequently 를 사용하였다 remain 동사는 2형식으로 썼다]

14 He had his driver's license temporarily suspended for his reckless driving.
[have + 목적어 + pp 구조 중 당하다의 개념으로 영작한다. 전치사 for 는 원인 이유의 뜻]

한국인을 위한 영작 1단계

초 판 5쇄 인쇄   2021.11.01

저자 김정호
감수 N.Buchan
제작 (주)바른영어사
인쇄처 필커뮤니케이션

발행인 (주)바른영어사
발행처 (주)바른영어사 출판사업부
등록일자 2013년 5월 21일
등록번호 제2013-0001차46호
주소 경기도 성남시 분당구 느티로 16, 907호(젤존타워 1)
대표전화 02-817-8088 | **팩스** 031-718-0580
홈페이지 www.properenglish.co.kr

이 책에 실린 모든 내용에 대한 저작권은 (주)바른영어사에 있습니다.
책의 내용에 대한 무단 전재 또는 복제행위는 저작권법 제 97조의 5에 의거,
5년 이하의 징역 또는 5,000만원의 벌금에 처하거나 이를 병과할 수 있습니다.

국립중앙도서관 출판시도서목록(CIP)

(한국인을 위한) 영작 1단계 / 저자: 김정호 ; 감수: N. Buc
han. -- 서울 : 바른영어사 출판사업부, 2014
    p. ;   cm

본문은 한국어, 영어가 혼합수록됨
ISBN 979-11-950937-1-7 14740 : ₩14000

영어 작문[英語作文]

746-KDC5
428-DDC21   CIP2014006836